AF312786

NOUVELLE BIBLIOTHÈQUE
DRAMATIQUE

PRIX : 50 CENTIMES

LIBRAIRIE INTERNATIONALE
15, BOULEVARD MONTMARTRE

# LA LANTERNE MAGIQUE

## GRANDE REVUE DE L'ANNÉE EN QUATRE ACTES ET VINGT TABLEAUX

PAR

## MM. CLAIRVILLE, ALBERT MONNIER ET ERNEST BLUM

MUSIQUE DE M. VICTOR CHÉRI. BALLETS DE M. HONORÉ. DÉCORS DE MM. FROMENT, PELETTE, DARAN, POISSON, ROBECCHI ET PHILATRE.
MACHINERIE DE M. RIOTTON. COSTUMES DESSINÉS PAR M. GRÉVIN

*Représentée pour la première fois à Paris, sur le théâtre Impérial du Châtelet, le Vendredi 8 décembre 1865.*

S'adresser, pour la musique, à M. Victor Chéri, chef d'orchestre du théâtre Impérial du Châtelet, au théâtre.

### DIRECTION DE M. H. HOSTEIN

## DISTRIBUTION DE LA PIÈCE :

|  |  |
|---|---|
| LA ROUTINE | MM. Ambroise. |
| FRANTZ | |
| PREMIER COMPÈRE | |
| BONNICHON | Williams. |
| JOHN | |
| CROMPIR | |
| M. BALLAMBOIS | |
| UN VIEUX MONSIEUR | Vollet. |
| RALINGUE, matelot | |
| LANGLUME, cocher | |
| JEAN RAISIN | Rosier. |
| DUPOTARD | |
| BIRMANN | Théol. |
| LE VIEUX TEMPLE | |
| SCHOUANSS | |
| DEUXIÈME COMPÈRE | Lebel. |
| L'AN 1865 | |
| HEYMANN | |
| LE CHAPEAU LUMINEUX | |
| LE CHEF DES MARCHANDS DE BILLETS | Patonnelle. |
| PITOU | |
| SCHWARTZ | |
| JULES MALHEUR | Tousé. |
| RUDOLPHE | |
| HIRSCH | |
| LE BEAU-PÈRE | Boileau. |
| LE RÉGISSEUR | |
| LE TOREADOR | |
| LE MONSIEUR DU BALCON | Arrondel. |
| LE MARIÉ | |
| LE LIBRAIRE | Hoffmann. |
| STROUBM | |
| LE COCHER de la Balayeuse | Noël. |
| HENRI QUATRE | |
| HERMANN | |
| PETITI | Petit. |
| UN COCHER | |
| LE GRAND CONFORTABLE | Girard. |
| KREUTZER | MM. Cochet. |
| UN MONSIEUR | |
| ALFRED MALHEUR | |
| UN MARCH. DE BILLETS | |
| GALHAUBAN | |
| PREMIER SALTIMBANQUE | |
| DEUXIÈME MONSIEUR | Aubry. |
| DEUXIÈME MARCHAND DE BILLETS | |
| DEUXIÈME SALTIMBANQUE | Branche. |
| UN DOMESTIQUE | |
| LE PROGRÈS | Mmes Desclauzas. |
| LA BICHE AUX BOIS | Milla. |
| LA BELLE HÉLÈNE | |
| LA VÉNUS AUX CAROTTES | |
| MADAME BALLAMBOIS | Clarisse Miroy. |
| LA MARCHANDE DU NOUVEAU TEMPLE | |
| MADAME BENOITON | |
| L'AFRICAINE | Vigne. |
| ÈVE | Abigdon. |
| LA MARQUISE DE MONTFLANQUIN | |
| LA LOTERIE DE TOULOUSE | Duplessis. |
| LA DUCHESSE DE VALBREUSE | |
| LICHEMANN | Lasseny. |
| POMPONNETTE | |
| LA REINE DES ABEILLES | Marie Francis. |
| LE NOUVEAU TEMPLE | |
| LES GALERIES FRASCATI | |
| PREMIER COUSIN | Reigner. |
| LE MOIS DE SEPTEMBRE | |
| LA PARURE D'ACIER | |
| PREMIER CAPORAL DE MOUCHES | Mariani. |
| LE MOIS D'AOUT | |
| ADÉLAIDE | Mmes Elisa Bellamy. |
| L'OUVREUSE (dans la salle) | |
| L'EMPRUNT MUNICIPAL | |
| FRANÇOISE | |
| PREMIER MARMITON | Panseron. |
| LA FOURMI | |
| LE MOIS DE JANVIER | |
| TROISIÈME RÉDACTEUR | Esther. |
| DEUXIÈME CAPORAL | |
| L'EMPRUNT DU MEXIQUE | |
| UNE NIÈCE | Marie Daouy. |
| PREMIER RÉDACTEUR | |
| DEUXIÈME RÉDACTEUR | |
| PREMIÈRE DEMOISELLE (Insecte) | Roseau. |
| LE MOIS DE MAI | |
| DEUXIÈME DEMOISELLE (Insecte) | |
| LE MOIS DE FÉVRIER | Alice. |
| MOUSSAILLON | |
| QUATRIÈME RÉDACTEUR | |
| LE MOIS DE NOVEMBRE | Brunette. |
| LA MARIÉE | Berthe. |
| LA CIGALE, JUILLET, RÉD. | Adrienne. |
| LA LOTERIE DES ENFANTS PAUVRES | Eugénie. |
| LA BÊTE A BON DIEU | |
| LA BELLE-MÈRE | |
| MARCHANDE DU VIEUX TEMPLE | Cassard. |

Saltimbanques, Hommes et Femmes du peuple, Paysans, Paysannes, Cochers, Gens de la Noce, Porteurs de Journaux, Vendangeurs, Vendangeuses, Papillons, Mouches, Guêpes, Bourdons, Frelons, Demoiselles, Hannetons, Marchandes du Temple, Promeneurs, Promeneuses, les douze mois de l'année, Garçons de café, Femmes sauvages de la suite de l'*Africaine*, Dames en lellis Gabrielles de la suite du Progrès, Femmes grecques de la suite de la *Belle Hélène*, Aspirants de marine, Matelots français et anglais.

## ACTE PREMIER

### PREMIER TABLEAU

#### L'HOMME A LA LANTERNE MAGIQUE

Le théâtre représente un champ de foire aux Batignolles. Baraques de saltimbanques. Tableau représentant des hercules, des escamoteurs, des femmes sauvages, etc. Tout cela sur une ligne, partant de l'avant-scène et se perdant au fond dans la coulisse. A l'avant-scène, une vieille lanterne magique avec ses rideaux usés et son couronnement portant des ombres chinoises mouvantes.

—

### SCÈNE PREMIÈRE.

SALTIMBANQUES en parade. Foule les écoutant. LA ROUTINE, accroupi devant la lanterne magique.

(Au lever du rideau, trois saltimbanques terminant en même temps trois boniments différents :)

Entrez, messieurs, mesdames, hâtez-vous, pressez-vous, bousculez-vous. Entrez, c'est le moment... c'est le quart d'heure... prenez vos billets, prenez vos bibi... prenez vos billets! (A peine ont-ils terminé que trois orchestres retentissent à la fois. Entrée des spectateurs dans les baraques. Reprise de la promenade pour ceux qui n'entrent pas.)

LA ROUTINE, quand les orchestres s'arrêtent. Lanterne magique... pièce curieuse, voyez la lanterne magique! Deux cent millième représentation de M. le Soleil et madame la Lune. Venez voir ça. (Se voyant seul.) Ah! bien oui, je prêche dans le désert... Adélaïde... Adélaï... Ah! je ne me souvenais pas... elle est allée raccommoder le maillot de la femme sauvage... Lanterne magique, pièce curieuse!

DUPOTARD, au dehors. Par ici, mes nièces, par ici.

LA ROUTINE. A-t-elle au moins tiré les ficelles? (Il passe derrière le rideau.)

### SCÈNE II.

LA ROUTINE, DUPOTARD, SIX JEUNES DEMOISELLES, vêtues de la même façon. Dupotard tient sous le bras les deux plus grandes, lesquelles tiennent également les deux moyennes, qui tiennent de même les deux plus petites, de sorte que les sept personnages entrent à la file et sur une ligne.

DUPOTARD. Par ici, mes nièces, tenez-vous bien et ne vous perdez pas!

PREMIÈRE NIÈCE. Serrées comme nous le sommes, il n'y a pas de danger.

DUPOTARD. Ma nièce, pour les jeunes filles, il y a toujours du danger dans les foules. Je vous avais promis de vous mener à la foire des Batignolles, et je tiens ma promesse. Mais, mon frère m'a fait jurer de ne pas me séparer de vous, et vous a fait jurer de ne pas vous séparer de moi... par ainsi...

LA ROUTINE, passant la tête au-dessus de la baraque. Lanterne magique... pièce curieuse...

LES SIX NIÈCES. Oh! mon oncle, la lanterne magique...

DUPOTARD. Non, mes nièces, non; mon frère me blâmerait si je permettais qu'on vous montrât la pièce curieuse.

LES NIÈCES. Mais pourtant...

DUPOTARD. Assez! Suivez-moi du côté de Guignol, c'est moins dangereux.

DEUXIÈME NIÈCE, regardant la pancarte de l'hercule. Ah! mon oncle, le bel homme!

DUPOTARD. Ce n'est pas un homme, ma nièce! c'est un dieu! Il s'appelait Hercule et devait le jour à Jupiter! Il était très-fort et portait 200 kilos à bras tendu. On lui mettait une pièce de canon sur l'épaule, et un artilleur de Vincennes y mettait le feu, comme vous le voyez représenté sur ce tableau tout à fait historique. (Tout en parlant, il a tourné sur lui-même, faisant pirouetter ses six nièces, et il est sorti en achevant sa phrase dans la coulisse.)

### SCÈNE III.

### LA ROUTINE, puis ADÉLAÏDE.

LA ROUTINE, reparaissant et les voyant sortir. Eh bien! est-ce qu'ils sont attachés ensemble? Ah! v'là Adélaïde.

ADÉLAÏDE, descendant de la baraque de la femme sauvage. Avons-nous du monde?

LA ROUTINE. Ah ben! oui, du monde... J'ai beau m'égosiller... j'ai beau parler de la lune et du soleil, le soleil n'attire plus personne, et personne ne se soucie de voir la lune.

ADÉLAÏDE. Pardine! qu'est-ce que je vous dis toujours? Ce qu'il faut aujourd'hui pour attirer la foule, c'est du nouveau, du bizarre, de l'étrange, un phénomène, un phoque... quelque chose de très-beau ou de très-laid, une merveille ou un monstre... Mais non, vous êtes encroûté, vous tenez à votre lanterne magique.

LA ROUTINE. Si j'y tiens!

AIR : *de la Sauteuse.*

Lanterne magique!
Est-il rien de plus récréatif?
C'est magnifique,
Et c'est instructif!

En simple appareil,
Mon appareil,
Montre vermeil
Un beau soleil.
A son réveil,
La lune honteuse s'effarouche;
Vite aux yeux de tous,
Elle disparaît, entre nous,
C'est bien l'image des époux :
L'un se lève et l'autre se couche.

Lanterne magique, etc.

Près d'Ève, en rampant,
Voyez grimpant,
L'affreux serpent.
En la trompant,
Ce sacripant,
Va lui faire croquer la pomme.
Et le pauvre Adam
Nous damnera d'un coup de dent;
La femme, c'est bien évident,
Naquit pour le malheur de l'homme!

Lanterne magique, etc.

Bref, si mes travaux
Sont rococos,
Ne sont pas beaux,
Si mes tableaux,
Sont peu nouveaux,
De l'univers, ils sont l'image.
Le monde est ainsi,
Car le monde est très-vieux aussi,
En le montrant en raccourci,
Je le montre à son avantage.

Lanterne magique, etc.

ADÉLAÏDE. Ah! que vous n'avez pas volé votre nom de La Routine!

LA ROUTINE. D'abord, je ne m'appelle pas La Routine; c'est un sobriquet que l'on m'a donné, mais je n'en rougis pas, au contraire, j'y tiens! La routine..., il n'y a que ça de bon.

### SCÈNE IV.

LES MÊMES, DUPOTARD ET SES NIÈCES, toujours dans le même ordre, sauf qu'il en a perdu une.

DUPOTARD, au dehors. Euphémie! Euphémie! (Entrant.) Où diable est-elle passée?

LA ROUTINE. Lanterne magique... pièce curieuse!

DUPOTARD. Il s'agit bien... Vous n'avez pas vu une demoiselle habillée comme celles-ci?

LA ROUTINE. Non, monsieur; mais si vous voulez voir M. le Soleil et madame...

DUPOTARD. Au diable!... Euphémie! Euphémie! (Il sort en faisant pirouetter ses nièces et en appelant toujours Euphémie.)

LA ROUTINE. Mais, c'est pas possible! y sont attachés. (Ici l'on voit les spectateurs qui sont entrés dans les baraques en ressortir, et en même temps les saltimbanques des autres baraques montent en parade. La foule revient se placer devant les banquistes. Charivari d'instruments.)

PREMIER SALTIMBANQUE (faisant son boniment). C'est ici que l'on voit la femme sauvage... Elle est vivante, elle a des dents. Poussez-vous! bousculez-vous! cassez-vous les reins! Ce sont les profits de la femme sauvage. Et combien? Dix centimes après avoir vu... Un sou pour les militaires! (Musique bruyante.)

UN HERCULE. C'est moi qu'on a surnommé le Malin des Malins. Je tombe tous ceux qui voudront bien m'honorer de leur présence : à l'instar de M. Arpin, le Terrible Savoyard; de M. Rabasson, le Rempart de Marseille. Qui veut un caleçon pour lutter... avec moi? J'offre mille francs à celui qui me tombera. (Un fort de la Halle lève la main. L'hercule lui jette le caleçon.)

LE FORT DE LA HALLE, à ceux qui l'entourent. Vous allez voir comme je vas le travailler!

L'HERCULE. Et combien? Trois sous... quinze centimes... Suivez le monde! (La musique reprend. On monte dans les baraques; le reste de la foule se disperse. On entend Dupotard crier : Héloïse! Euphémie! Héloïse! (Il reparaît; il a encore perdu une de ses nièces. Se heurtant à la foule qui sort.) Prenez donc garde, ne bousculez pas!

UN TITI, qu'il a bousculé. Eh ben! en v'là un panier à deux anses. Vous ne pouvez donc pas vous séparer?

DUPOTARD. Nous séparer! Nous ne le sommes que trop séparés. Héloïse! Euphémie!... Tenez-moi bien! mes quatre nièces... Euphémie! Héloïse! (Il fait tourner ses nièces comme une aile de moulin, et, en sortant, se jette dans Pitou et dans Françoise qui entrent.)

FRANÇOISE, bonne d'enfant. Oh! là là!

PITOU, voltigeur de la ligne. Prenez donc garde!

DUPOTARD. Est-ce que j'en ai le temps? Héloïse! Euphémie! (Ils sortent.)

### SCÈNE V.

### PITOU, FRANÇOISE.

PITOU, le poursuivant. Que si vous n'avez pas le temps, il faut le prendre, et ne pas bousculer la payse... autrement que je vous bousculerais subsidiairement, moi!

FRANÇOISE. Voyons, monsieur Pitou, ne vous faites donc pas d'affaire avec le civil.

PITOU. Que c'est l'effet de mon sabre, mademoiselle Françoise... qu'il ne peut pas voir un particulier s'approcher de vous sans remuer dans son fourreau.

FRANÇOISE, regardant l'enseigne représentant Hercule. Ah! que v'là un bel homme!

PITOU. Que c'est de la peinture et qu'y ne faut pas s'y fier... la payse... que sans comparaison, celui qui est à votre gauche vaut mieux relativement que celui qui est à votre droite.

FRANÇOISE. Oh! vous n'êtes pas dans l'artillerie, vous, vous ne portez pas de pièce de canon.

PITOU. Que j'en porterais si c'était un effet de votre part.

FRANÇOISE. Oh! vous dites ça!

PITOU. Et que si vous voulez que je vous porte à bras tendu....

FRANÇOISE, se défendant. Prenez donc garde... si l'on nous voyait.

PITOU. C'est juste! que nous ne sommes pas seuls et que c'est dommage.... parce que je vous aime tant, mademoiselle Françoise.... que quand j'vous vois.... je me sens capable, voyez-vous....

FRANÇOISE. Mais comment donc que ça se fait, monsieur Pitou, que vous m'aimez comme ça?

PITOU. Comment qu'ça s'fait que j'vous aime?

Air : *de madame Favart.*

Vous êtes la reine des bonnes,
Vous gardez deux amours d'enfants.
Le militaire aime les bonnes,
Le militaire aim' les enfants.
Il aime les enfants, sans bonnes,
Il aime les bonn's, sans enfants;
Mais par amour des enfants et des bonnes,
Il adore les bonn's d'enfants,
Oui, par amour, etc.

LA ROUTINE, reparaissant, Lanterne magique... pièce curieuse...
PITOU. Oh! la lanterne magique; connaissez-vous ça, mademoiselle Françoise?
FRANÇOISE. Non, monsieur Pitou.
PITOU. Que si vous me permettez, je vous y convie.
FRANÇOISE. Avec plaisir, monsieur Pitou.
PITOU. Votre bras, mademoiselle Françoise!
LA ROUTINE. Enfin, j'étrenne. Attention, Adélaïde.

## SCÈNE VI.

LES MÊMES, DUPOTARD. (Il n'a plus que trois nièces.)

DUPOTARD. C'est affreux! c'est inouï! où sont-elles passées? Hortense!
PREMIÈRE NIÈCE. Ah! mon oncle! je crois que de ce côté...
DUPOTARD. Par là, oui, il me semble que j'aperçois Hortense. (Pendant qu'il appelle, la troisième nièce se dégage et se sauve par la droite.)
DUPOTARD, l'apercevant. Ah! Julie qui se sauve! (Lâchant le bras des deux autres.) Oh! je la rattraperai!
LES DEUX NIÈCES, restées libres. Sauvons-nous.! (Elles sortent par la gauche.)
DUPOTARD. Eh bien! celles-là aussi! C'était un complot. (Appelant.) Clara! Julie! Estelle! (Il va de gauche à droite.) Au diable!
LA ROUTINE. Y es-tu, Adélaïde?
ADÉLAÏDE. Tout à l'heure!
DUPOTARD. Ah! ma foi, qu'elles se perdent ou se retrouvent, j'y renonce! Les jambes me rentrent... j'aurais besoin de... (Apercevant un de ces Turcs de la foire sur lesquels on essaye les forces de son poing.) Un Turc qui se repose quand je n'en puis plus! Attends! attends! (Il enlève le buste du Turc et s'asseoit à sa place.)
ADÉLAÏDE. Ça y est... vas-y.
LA ROUTINE, monté sur un escabeau. Ceci vous représente M. le Soleil! vous assistez à son lever et au coucher de madame la Lune. Mariés tous deux, il y a dix mille ans, ces deux époux se sont séparés de corps et de biens à la suite de plusieurs contrariétés de ménage.... Tire la ficelle, ma femme....
DUPOTARD. Mais quel est ce complot? Où est donc mon chapeau? Pourquoi m'ont-elles quitté? (Il se coiffe, sans y prendre garde, avec le turban de Turc. Ici les rideaux de la lanterne magique sont fortement agités.)
LA ROUTINE. Ceci représente Adam et Ève dans le Paradis terrestre. Vous y voyez le serpent.... mais qu'est-ce qui se passe là?
UN FORT DE LA HALLE, entrant avec des amis et avisant la tête du Turc. Essayons nos forces! Ah! quelle occase!... (Il donne un grand coup de poing sur la tête de Dupotard; le turban engouffre sa tête. Au même instant la lanterne, secouée, dégringole sur Pitou et Françoise, qui tombent avec elle au milieu des cris de La Routine, de Dupotard et d'Adélaïde.) Ciel! la lanterne!

Air : *des Bibelots du Diable.*

Ah! c'est épouvantable!
Devait-on s'attendre à cela?
Vrai, je me donne au diable,
S'il me tire de là!

(Le militaire et sa payse se sauvent en courant et en criant Un coup de tam-tam se fait entendre. Le Progrès sort des ruines de la lanterne.)

## SCÈNE VII.

LES MÊMES, LE PROGRÈS.

LE PROGRÈS, riant. Ah! ah! ah!
LA ROUTINE. Qui est-ce qui rit? Qui se permet?...
LE PROGRÈS. C'est moi.
LA ROUTINE. D'où sort-il, celui-là?... D'où sortez-vous?
LE PROGRÈS. Des verres de ta lanterne.
LA ROUTINE. Les verres de ma lanterne étaient habités? Et qui êtes-vous?
LE PROGRÈS. Qui je suis?

Air : *Polka des Fifres de la Garde* (Ascher).

Le progrès,
Qui change le monde;
Puissance féconde,
Que l'homme seconde;
Le Progrès,
Qui change sans cesse
Misère en richesse,
Chaumière en palais!

De Paris,
L'ancienne Lutèce,
Voyez la richesse;
J'ai, par mon adresse,
De Paris
Fait une merveille,
Qui n'a sa pareille
Dans aucun pays!

L'Univers
Doit changer de même;
Mon pouvoir suprême
Tout le monde l'aime.
L'Univers,
A mes lois fidèle,
Se lève et m'appelle
Pour briser ses fers.

Qui je suis?
Je suis la science,
Je suis l'éloquence,
La persévérance.
Qui je suis?
Je suis l'espérance
De toute la France,
De tous les pays.

Le Progrès,
Qui change le monde;
Puissance féconde
Que l'homme seconde;
Le Progrès
Qui change sans cesse
Misère en richesse
Chaumière en palais!

LA ROUTINE. Tout ça veut-y dire que c'est vous qui avez cassé ma lanterne magique?
LE PROGRÈS. Une lanterne magique! Comment, mon bonhomme, tu en es resté là!
LA ROUTINE. Comment! resté là? Mais c'était hier encore tout ce qu'il y avait de plus curieux.
LE PROGRÈS. Hier, c'est possible.... mais aujourd'hui....
LA ROUTINE. Pardine, puisqu'elle est brisée, elle n'est plus curieuse.
LE PROGRÈS. Tu ne me comprends pas. Tant que Paris n'a reculé ses barrières que de la Cité à la porte Saint-Denis, que de la porte Saint-Denis aux anciens boulevards, oui, c'est possible, ta lanterne magique avait une raison d'être. Les Parisiens ne pouvaient guère voyager que par illusion; mais depuis que les chemins de fer mènent de Paris au bout du monde, que veux-tu montrer aux Parisiens qu'ils ne connaissent pas?
LA ROUTINE. Ce que je montre : M. le Soleil et madame la Lune, rien que ça!
LE PROGRÈS. Allons donc! mais pour leur montrer cela, nous avons le télescope Foucauld, l'Équatoriale, le Spectroscope, qui nous rapprochent la lune à seize lieues; et Nadar qui nous a promis de nous y conduire en ballon.
LA ROUTINE. Sac à papier....

LE PROGRÈS. Aujourd'hui, la seule lanterne magique curieuse à observer, c'est le monde entier, partout visible à l'œil nu des voyageurs qui le parcourent à grande vitesse.... Paris ne s'arrête plus qu'aux pôles arctique et antarctique, et encore...
LA ROUTINE. Est-ce que vous le faites voir pour deux sous?
LE PROGRÈS. Pour rien; il ne s'agit que d'être clairvoyant.

Air : *nouveau de M. Victor Chéri.*

Voulez-nous voir la lanterne magique?
Souvenez-vous de votre ancien Paris,
Et regardez ce Paris magnifique
Dont le Progrès veut faire un paradis.

Etes-vous né sous un vieux réverbère,
Dans les quartiers tristes, sombres, malsains?
Voyez briller, au gaz qui les éclaire,
Ces monuments entourés de jardins.

Lorsqu'en coucou vous alliez à Nanterre,
Ce n'était pas sans faire un testament;
Nous arrivons plus vite en Angleterre,
Plus sûrement et plus commodément.

Comme un éclair, à travers la campagne,
Le wagon passe; il franchit le chemin,
Sautant le fleuve et perçant la montagne,
Escaladant précipice et ravin.

Plus vite encore, la parole est lancée :
Lorsque, sans même éveiller les échos,
Sur un long fil marche votre pensée,
Regrettez-vous Montmartre et ses signaux?

Du monde entier changeant la destinée,
A la mer Rouge un passage est ouvert;
Elle atteindra la Méditerranée,
Par un canal percé dans un désert.

Du sud au nord, les peuples correspondent;
On se visite, on se parle, on s'entend;
Les nations, petit à petit, fondent
Le seul pouvoir que le Progrès attend.

Et ce pouvoir, l'entente le fait naître,
Petits et grands, grâce à moi s'aimeront;
Ils se battaient avant de se connaître,
Se connaissant, ils fraterniseront.

Or, le Progrès de ce siècle féerique,
Tous ses décors et tous ses changements,
Voilà! voilà! la lanterne magique
Que vous devez montrer à vos enfants.

LA ROUTINE. Nom d'une casquette! si j'y comprends un mot!...
LE PROGRÈS. Ah! tu ne comprends pas! Eh bien! je vais te faire comprendre... Moi aussi, je n'ai qu'à tirer la ficelle... regarde! (Tout le décor disparaît, et l'on se trouve dans une vieille carrière des anciennes buttes Saint-Chaumont.)

---

## DEUXIÈME TABLEAU

### LES VIEILLES BUTTES SAINT-CHAUMONT

—

LA ROUTINE. Tiens! tiens! tiens! tiens! tiens!
LE PROGRÈS. Que dis-tu de cela?
LA ROUTINE. Je dis que c'est laid.
LE PROGRÈS. Je partage ton opinion.
LA ROUTINE. Qu'est-ce que c'est?
LE PROGRÈS. Les anciennes buttes Saint-Chaumont.
LA ROUTINE, se découvrant. Bah! ces fameuses buttes qui en 1814....

LE PROGRÈS.

Air : *Connaissez-vous ces bouquets de lauriers.*

On s'y battait : quelques Français encor
Y repoussaient une horde étrangère.
En les changeant, ainsi qu'un vieux décor,
J'ai fait, je crois, ce que je devais faire.
Mais, en dépit de mon savant concours,
Jamais leur luxe et leur magnificence
Ne les rendront aussi belles qu'aux jours
Où les enfants de nos faubourgs
Y vinrent pour sauver la France.

LA ROUTINE. Comment! tu veux donc les changer.

LE PROGRÈS. Mais c'est presque déjà fait! Attends, je vais encore tirer la ficelle. Regarde bien... Voilà ce que les buttes Saint-Chaumont étaient hier, voici ce qu'elles seront demain!

---

### TROISIÈME TABLEAU

#### LES NOUVELLES BUTTES SAINT-CHAUMONT

Le théâtre change et l'on voit le nouveau square avec son pont, son temple sibyllin, ses cascades, et enfin tel qu'il sera un jour.

---

### SCÈNE PREMIÈRE.

#### LA ROUTINE, LE PROGRÈS.

LA ROUTINE. Ah! c'est admirable! c'est merveilleux!

LE PROGRÈS. Tu es satisfait?

LA ROUTINE. D'autant plus que j'espère qu'à l'avenir les Prussiens n'y reviendront plus.

LE PROGRÈS. Pourquoi donc cela?

LA ROUTINE. Plaît-il?

LE PROGRÈS. J'espère qu'ils y viendront, moi.

LA ROUTINE. Les Prussiens!

LE PROGRÈS. Ils sont à Paris : mais rassure-toi, c'est le Progrès qui les y amène.

LA ROUTINE. Vous?

LE PROGRÈS. Ils viennent y donner l'accord de la plus parfaite harmonie.

LA ROUTINE. Les Prussiens! (Ici on entend des clameurs au dehors.) Qu'est-ce que cela?

LE PROGRÈS. Et justement ce sont eux. (Ici la foule envahit le théâtre et se porte au devant des Prussiens.)

LA ROUTINE. Oh! quelle foule!...

LE PROGRÈS. Tu le vois. Paris est enchanté de les recevoir. (Entrée de la musique des fusiliers de Poméranie, personnifiée par tous les comiques du théâtre, portant des instruments bizarres.)

### SCÈNE II.

LES MÊMES, FRANTZ, CROMPIR, HERMANN, SCHOUANSS, FLEIMANN, MULLER, STROUNN, HIRSCH, KREUTZER, BIRMANN, SWARTZ, puis LICHEMANN.

FRANTZ. Brenez donc carde Meingott!

CROMPIR, avec un énorme instrument de sax- Tarteffle, brenez donc carde à mon instrument : ce que j'avre de plus brécieux.

SWARTZ. Ciel!... on n'avre marché sur le bied.

MULLER, repoussant Swartz. Tarteffle! Meingott. Brends donc carde, Fleimann.

FLEIMANN, repoussant Muller. Allons, pon!... v'là qui m'flangue son caisse dans le nez.

SCHOUANSS. Renchez-fous donc... vous avre grefer mon gros caisse.

HIRSCH. Meingott que j'étais vatigué. Hermann porte mon instrument.

HERMANN. Nix... nix...

STROUN. Attention... foilà le chef. (Le chef de musique entrant son bâton à la main.)

LICHEMANN. Halte! front!

AIR : de la complainte d'Infortunia.

#### PREMIER COUPLET.

L'Anglais, le Français et le Russe,<br>
L'Italien,<br>
Meingott, ne valent pas le Prusse<br>
Et le Prussien.<br>
Quels succès fur'nt les miens!<br>
Pour que j'les eusse,<br>
Aux tendrons parisiens<br>
Fallait que je plusse.

Vive, vive la Prusse!<br>
Vivent, vivent les Prussiens!<br>
Les Prussiens de la Prusse,<br>
La Prusse des Prussiens.

#### DEUXIÈME COUPLET.

J'ai grandi du saut d'une puce,<br>
Comme l'on dit<br>
Qu'à la fête de sainte Luce<br>
Le jour grandit.<br>
J'aurai des succès à<br>
La Robert Bruce;<br>
Je serai plus grand qu'A<br>
Méric Vespuce.<br>
Vive, vive la Prusse.<br>
Etc., etc.

LE PROGRÈS. Eh bien, qu'en dis-tu?

LA ROUTINE. Eh! eh! y m'va.

LICHEMANN. Fo fous aimez le musique, mosieu.

LA ROUTINE. Eh! mais, je ne la crains pas.

LICHEMANN. Il faut fous dire que nous arrifons de Pomeranie.

LA ROUTINE. Pomé...

FRANTZ. Ranie... ya... c'être not'golonel, qui nous avre demandé : Qu'est-ce que veut aller à Baris?

FLEIMANN. Ceux qui le feulent bien iront...

CROMPIR. Ceux qui ne le feulent pas iront tout d'même.

SCHOUANSS. Et nous sommes donc fenus de bon volonté.

LICHEMANN. Et pourtant j'avais en Poméranie une bromise nommée Agnès.

LA ROUTINE. Ah! vous aviez empaumé.

LICHEMANN. Ya... j'avre empaumé Agnès en Poméranie.

LE PROGRÈS. Et depuis que vous êtes à Paris, vous y plaisez-vous?

MULLER. Ya... nous être fenus jouer de la musique au Cirque des Champs-Élysées.

FLEIMANN. Nous avons fait beaucoup de bruit.

HIRSCH. Nous avons enfoncé Léotard.

STROUNN. Nous avons gagné beaucoup d'argent.

HERMANN. Ya... depuis que nous jouons pour les Vransais, nous ne jouons plus pour le roi de Prusse.

BIRMANN. Vous allez nous truffer aux oiseaux.

KREUTZER. On croque nos notes comme des berlingots.

LA ROUTINE. Ce sont des Prussiens de Saint-Flour. Ne pourrions-nous juger par nous-mêmes?

LICHEMANN. Certainement : En place vous autres. (Tous se rangent.)

#### LE PROGRÈS.

AIR : nouveau de Victor Chéri.

Le monde paradis terrestre,<br>
Grâce à moi, grâce au Progrès,<br>
Ne sera plus qu'un grand orchestre<br>
Qui ne s'arrêtera jamais.<br>
Du fond de la Poméranie,<br>
En venant en France d'abord,<br>
A l'universelle harmonie<br>
La Prusse aura donné l'accord.

(Tous les Prussiens accompagnent l'air et le refrain avec leurs instruments. — Grand charivari. — Sur un signe de Lichemann la musique s'arrête.)

#### LICHEMANN.

De la Palestine<br>
A Topinambou,<br>
De Paris en Chine,<br>
De Rome au Pérou.<br>
Brisant les frontières<br>
Des pays anciens,<br>
Nous serons tous frères<br>
Et musiciens.

(Reprise du charivari musical.)

#### DEUXIÈME COUPLET.

Les peuples, ensemble,<br>
Vont dans l'univers,<br>
Jouer ce me semble<br>
Tous les mêmes airs.

Sans nous en défendre,<br>
Tous, au coup d'archet,<br>
Nous ferons entendre<br>
Cet accord parfait.

(Charivari.)

Et maintenant, par le flanc troite,<br>
Et qu'en mesure on marche au pas,<br>
Et tarteffle que l'on empoite,<br>
Mais en marchant, n'arrêtez pas.

(parlé.) Par le flanc gauche, gauche!... par file à droite, marche... (Lichemann marche en tête de ses musiciens; la foule les suit, ainsi que le Progrès et la Routine.)

**FIN DU PREMIER ACTE.**

---

# ACTE DEUXIÈME

### QUATRIÈME TABLEAU

#### LE JOURNAL DU PROGRÈS

Les bureaux du journal. Riche décor symbolique, A droite et à gauche, les boîtes du journal.

---

### SCÈNE PREMIÈRE.

LE PROGRÈS, LES RÉDACTEURS DU JOURNAL, tous vêtus fantastiquement et représentant des génies littéraires.

#### CHŒUR.

AIR : de Gentil Bernard.

Mais écoutez nos raisons,<br>
Souvent nous répandons,<br>
Imprimons et publions,<br>
Ce que nous inventons.<br>
Mais à bout d'inventions,<br>
Parfois nous écrivons<br>
Les choses que nous savons,<br>
Celles que nous voyons.

LE PROGRÈS, tenant un journal à la main. Non, messieurs, non ce n'est point ainsi que je comprends le journalisme... Qu'est-ce que ce numéro? Voyez! un article sur les eaux de la Dhuys qui viennent d'ariver à Paris!

DEUXIÈME RÉDACTEUR. Ne fallait-il pas annoncer cette nouvelle si merveilleuse?

LE PROGRÈS. Les faits accomplis... toujours les faits accomplis... Eh! messieurs, puisqu'ils sont arrivés, n'en parlez plus, annoncez le Rhône et la Saône, annoncez la Garonne, annoncez la mer pour dans huit jours, mais du nouveau, morbleu! du nouveau...

TROISIÈME RÉDACTEUR. Du nouveau qui n'existe pas.

QUATRIÈME RÉDACTEUR. C'est difficile à trouver.

LE PROGRÈS. C'est comme cet article... Nouvelles d'aujourd'hui... Qui est-ce qui a écrit cela?

PREMIER RÉDACTEUR. C'est moi, maître...

LE PROGRÈS. Aujourd'hui n'existe plus dans le journal *le Progrès*. On ne doit parler que des nouvelles de demain.

PREMIER RÉDACTEUR. Mais je ne les connais pas...

LE PROGRÈS. On les invente... Eh! monsieur, si les journalistes ne parlaient que de ce qu'ils connaissent, à quoi serviraient-ils, puisqu'on ne lit les journaux que pour apprendre ce qu'on ne connaît pas... Et cette nouvelle diverse : M. D... en rentrant de la pêche a trouvé madame D... enfermée avec M. Z... Est-ce du progrès cela, messieurs?...

DEUXIÈME RÉDACTEUR. C'est la vérité.

LE PROGRÈS. La vérité est banale, faites-moi du mensonge, mais soyez piquants... Dites que toutes les femmes sont fidèles, ce sera du nouveau... A propos, le génie rédacteur que j'ai fait demander est-il là?...

PREMIER RÉDACTEUR. Oui, maître, il vient d'arriver...

LE PROGRÈS. Qu'il entre.

PREMIER RÉDACTEUR. Le voilà.

## SCÈNE II.

### Les Mêmes, un troisième génie.

LE PROGRÈS, au troisième génie. C'est vous qui avez sifflé à la représentation des *Deux Sœurs*...

LE TROISIÈME GÉNIE. J'ai cru être l'écho de *l'opinion*.

LE PROGRÈS. Je n'examine pas le fond de la question, mais vous avez fait une chose nouvelle; vous êtes un génie du Progrès, vous avez le courage de votre *Opinion nationale*, c'est bien; vous ferez le feuilleton de mon journal, vous sifflerez les pièces d'abord et vous les jugerez ensuite. Et maintenant, messieurs, retenez mes paroles.

AIR : *Le café-concert (Blacquière).*

Je ne veux pas d'article banal,
Songez qu'un lecteur en lisant son journal,
A son réveil y cherche aujourd'hui
Les opinions qu'il n'aurait pas sans lui...
   Moins de courtoisie,
   Moins de poésie;
   De la fantaisie,
   Ou du positif.
   Soyons inventifs,
   Soyons actifs,
   Ayons des ailes,
   Soyons agressifs,
   Incisifs et persuasifs,
   Et tous les Français,
     Au progrès
   Constamment fidèles,
   Vont courir après
   Le Journal du progrès.
     REPRISE.
   Et tous les Français, etc,

(Les rédacteurs sortent.)

LE PROGRÈS, seul. Ah! me voilà seul... De quoi vais-je m'occuper? De la direction des ballons, ou de l'arrivée de la mer à Paris?... Non... Ah! l'isthme de Suez... si j'allais y faire un tour?...

LA ROUTINE, en dehors. Journal le Progrès, ce doit être là...

LE PROGRÈS. Ah! la Routine que j'oubliais... Voyons s'il a suivi mes instructions... Par ici... par ici...

## SCÈNE III.

### LE PROGRÈS, LA ROUTINE.

LA ROUTINE, costume ridicule de sportsman. Exagération des modes de 1865. Ah! vous voilà... très-bien... Comment me trouvez-vous?

LE PROGRÈS. Pas mal... pas mal...

LA ROUTINE. N'est-ce pas?... je dois être beau comme ça... mais ça me gêne...

LE PROGRÈS. Ah! dam! pour suivre le progrès, il faut se mettre à la mode.

LA ROUTINE. Dire qu'on m'a donné tout ce que j'ai sur moi pour cent francs et cent mètres de terrain avec...

LE PROGRÈS. Hein!... pour cent francs d'habits... cent mètres de terrain par dessus le marché!... Quel progrès!...

LA ROUTINE.

AIR : *de l'Écu de six francs.*

Certainement, c'est magnifique,
Mais tous ces terrains inconnus,
Me sont donnés en Amérique,
Dans un endroit où, peu tenus,
Les habitants vont presque nus.
Or, s'il faut que je me résume,
On me verra, c'est bien certain,
Dans mon costume sans terrain,
Ou sur mon terrain sans costume.

LE PROGRÈS. N'aurais-tu pas voulu pour cent francs, cent mètres de terrain rue de Rivoli?...

LA ROUTINE. Non... ça ne se pouvait pas. Mais où sommes-nous ici?...

LE PROGRÈS. Dans les bureaux du journal le *Progrès*... Tiens, vois ces deux boîtes.

LA ROUTINE. Ce sont des boîtes, ça...

LE PROGRÈS. Les boîtes du journal... Tout ce qui se dit, se fait et s'invente à Paris, vient à tour de rôle s'y faufiler, mais non sous forme de prospectus ou de réclame. Une fois entrées dans les boîtes, les nouveautés se personnifient et me laissent deviner tout ce qu'elles ont de bien et de mal.

LA ROUTINE. Ah! par exemple, je suis curieux de juger par moi-même.

LE PROGRÈS. Rien de plus facile... Ouvre la boîte n° 1.

LA ROUTINE, ouvrant. Donnez-vous la peine d'entrer.

## SCÈNE IV.

### Les Mêmes, UN GROS MONSIEUR.

LE GROS MONSIEUR. Le Progrès, s'il vous plaît ?

LA ROUTINE. Ce n'est pas moi.

LE GROS MONSIEUR. Alors si c'est un de vous, ça ne peut être que monsieur.

LE PROGRÈS. Puissamment raisonné !...

LE GROS MONSIEUR. Je vous demanderai la permission de rester couvert.

LE PROGRÈS. Faites.

LE GROS MONSIEUR. Vous saurez pourquoi tout à l'heure.

LE PROGRÈS. Parlez.

LE GROS MONSIEUR. Je n'irai pas par quatre chemins... Tel que vous me voyez, je suis un homme tellement étonnant que je m'en étonne moi-même...

LA ROUTINE. Vous nous étonnez d'être aussi étonnant que ça.

LE GROS MONSIEUR. Sans que ça paraisse j'ai mis la main sur une découverte pharamineuse... Supposons que vous êtes deux filous...

LA ROUTINE. Monsieur, cette supposition.

LE GROS MONSIEUR. Du moment que c'en est une...

LA ROUTINE. C'est juste... Allez!...

LE GROS MONSIEUR. Nous sommes à minuit dans une rue déserte de Londres...

LA ROUTINE. Pourquoi, de Londres ?

LE GROS MONSIEUR. Parce que c'est en Angleterre que pour la première fois j'ai lancé ma découverte...

LE PROGRÈS. Ah! c'est une invention anglaise... Continuez.

LE GROS MONSIEUR. Nous sommes donc dans une rue déserte, à minuit; la lune fait défaut, le gaz n'est pas allumé, et je vous entends venir à pas de loup dans l'intention de me filouter...

LA ROUTINE. Nous!

LE GROS MONSIEUR. Au moment où vous vous approchez de moi, certain de ne pas être reconnu dans l'ombre, crac! voilà ce que je fais... (Il tire un ressort : son chapeau s'illumine.)

LA ROUTINE. Une lanterne.

LE GROS MONSIEUR. Le chapeau lumineux, messieurs, breveté sans garantie du gouvernement.

AIR : *Sa Majesté n'a plus sa tête.*

Coiffé de mon invention,
Paris devient une autre ville,
L'homme y brille comme un lampion
Et le gaz me semble inutile.

LA ROUTINE.

Oui, ce doit être éblouissant,
Jadis, ô routine incongrue!
La rue éclairait le passant,
Il est juste qu'en mil neuf cent
Le passant éclaire la rue. (bis.)

LE GROS MONSIEUR. Sans compter, monsieur, que jusqu'à présent on n'avait éclairé que les voitures, si bien que les passants voyaient les voitures, mais que les voitures ne voyaient pas les passants...

LA ROUTINE. Juste... Tandis qu'à présent...

LE PROGRÈS. A présent on prendra les passants pour des voitures.

LE GROS MONSIEUR. Je suis obligé d'en convenir, c'est le seul inconvénient de mon invention... Quand je passe dans la rue, la nuit, on me prend pour un omnibus, et l'on me crie : Arrête, arrête, conducteur...

LE PROGRÈS. Il faut empêcher cela.

LE GROS MONSIEUR. Avez-vous une idée?...

LE PROGRÈS. Le Progrès a en toujours... Tenez, regardez. (Il touche le gros monsieur et sur son ventre paraît en lettres lumineuses le mot : *Complet!*

LA ROUTINE. Tiens! complet !...

LE GROS MONSIEUR. Ah! c'est parfait.

AIR *nouveau de Victor Chéri.*

C'est charmant, c'est merveilleux,
Bientôt sur toute la terre,
Je répandrai la lumière.
Gloire au chapeau lumineux !

ENSEMBLE.

C'est charmant, c'est merveilleux,
Bientôt sur toute la terre
Il répandra la lumière.
Gloire au chapeau lumineux!

(Le gros monsieur sort.)

LE PROGRÈS. Eh bien! crois-tu que cette invention prenne ?

LA ROUTINE. Si elle prendra?... Certes !... Seulement les chapeaux prendront peut-être aussi... Mais est-ce tout ?

LE PROGRÈS. Allons donc?... Ouvre la boîte n° 2... C'est le côté des dames...

LA ROUTINE. Ah! vous avez le côté des hommes et le côté des... Bien, bien ! je préfère celui-là...

LE PROGRÈS. A ton choix, mais je te laisse... le Progrès n'aime pas à rester en place... Tu me retrouveras boulevard Magenta... au milieu des démolitions. (Il sort.)

LA ROUTINE, seule. Aime-t-il démolir, le Progrès !... Mais me laisser seul avec des inventions féminines... Enfin, entrez , s'il vous plaît...

## SCÈNE V.

### LA ROUTINE, LE BAZAR FRASCATI.

(Costume de fantaisie. Le Bazar a pour jupes un aquarium avec ses poissons, il porte un rocher avec cascades sur la tête. Il tient en main une trompette ayant pour bannière le *Petit Journal*. Mille bibelots divers pendent au-dessous de son aquarium.)

LE BAZAR FRASCATI.

AIR *de Brididi* (LINDHEM).

Pif! paf! et zing! et boum! faites-moi place!
Pif! paf! et zing! et boum! Venez en masse!

Accourez à mon bazar,
Souverain du boulevard,
De tout bien assorti,
Je suis le bazar Frascati.

Dans mes galeries
Que de bibelots,
De chinoiseries,
De bijoux nouveaux.

Tout ce qu'on désire
Posséder chez soi,
Tout ce qu'on admire,
Se trouve chez moi !

Pif! paf! et zing! et boum! faites-moi place!
Etc., etc., etc.

(Déclamant à la manière des saltimbanques.)

Ah! ah! bonjour, monsieur, bonjour, vous me reconnaissez, je l'espère bien, car nom d'une grenouille! je crois qu'on parle assez de moi... Ne m'arrêtez pas... Lisez-vous le Pe-

*tit Journal?* Ne répondez pas ; vous le lisez, c'est convenu... Lisez-vous le *Journal illustré?*.. Taisez-vous, ça va sans dire... Alors nous nous connaissons comme si nous avions gardé des aquarium ensemble... Car, nom d'une graine d'oseille ! ces journaux font assez mon éloge... Oui, monsieur, mon éloge et l'éloge du Grand Théâtre-Parisien... Lisez le *Petit Journal :* Vive le Bazar Frascati et vive le Grand Théâtre-Parisien !... Lisez le *Journal illustré :* Vive le Grand Théâtre-Parisien et vive le Bazar Frascati !... Ils ne sortent pas de là, et ne croyez pas qu'ils soient payés pour ça... Non, Timothée Trimm ne le souffrirait pas... Mes galeries sont de vraies galeries, mes marchandises sont de vraies marchandises! Je suis le Bazar universel !... Cent mille francs de loyer et une entrée tellement libre que personne n'entre, tant on est libre d'entrer...

LA ROUTINE. Saperlotte, quelle platine !

LE BAZAR FRASCATI. Demandez, faites-vous servir... j'ai des dentelles et des aquarium, des statues et des grenouilles, des tableaux et du suc de laitue, des bijoux et des jouets d'enfant, de la graine d'épinard et de la graine de choux, des porcelaines de Chine et toutes sortes d'autres pots...

AIR : *de la girafe et de l'ours Martin.*

Demandez, faites-vous servir !
Je suis assez cossue,
Lorsqu'à vos yeux je viens m'offrir
Pour être bien reçue,
Je possède tout
Ce qui plaît partout,
A bas prix je le cède,
Et sans m'irriter
On peut acheter
Tout ce que je possède.

LA ROUTINE. Pardon... puis-je placer un mot?...

LE BAZAR FRASCATI. Placez-le...

LA ROUTINE. Eh bien! je crois avoir vu à vos vitrines quelque chose qui m'a tiré l'œil... C'était comme qui dirait une parure de diamants, mais ça avait plutôt l'air d'autre chose.

LE BAZAR FRASCATI. J'y suis... C'est une parure en acier, la grande mode de 1865... Voulez-vous la voir? elle est là.

LA ROUTINE. Oui... je ne serais pas fâché...

LE BAZAR, ouvrant la boîte n° 2. Allons, entrez, mademoiselle.

LA ROUTINE. Il appelle une parure mademoiselle...

## SCÈNE VI.

### LES MÊMES, LA PARURE D'ACIER.

(Costume tout en acier, fers à cheval, bottes de jockey, casquette de courses, toute la bijouterie cocasse d'acier à la mode.)

LA ROUTINE. Comme cette parure a l'air malheureux !

LA PARURE D'ACIER, les yeux baissés. Ah! monsieur, ce n'est rien de le dire... D'abord je fus mise à la mode dans un monde...

LA ROUTINE. Oui, dans le demi-monde.

LA PARURE D'ACIER. Un vilain monde, monsieur, si bien que mes premiers pas dans ce monde-là furent exposés aux quolibets... On me montrait au doigt... (Elle pleure.)

LA ROUTINE. Pauvre petite! Ne pleurez pas... à cause de la rouille.

LA PARURE D'ACIER. Mais enfin, comme je brillais, comme je prenais tour à tour les formes les plus élégantes, par exemple, celle d'un fer à cheval...

LA ROUTINE. D'un fer à cheval...

LA PARURE D'ACIER. Oh! oui, monsieur, c'est effrayant ce que j'ai eu de succès comme fer à cheval... Toutes les femmes voulaient en porter, même les honnêtes femmes...

LA ROUTINE. Comment! les honnêtes femmes aussi?...

LA PARURE D'ACIER. Elles en mirent à leur chapeau, à leur ceinture, en broche, en épingle, elles en mirent en garniture sur leurs bras, dans leurs dos, elles en mirent partout.

LA ROUTINE. Les femmes honnêtes...

LA PARURE D'ACIER. Je commençais à me relever dans l'opinion, lorsque tout à coup... Ah! monsieur, un grand malheur!...

LA ROUTINE. Parlez... vous m'intéressez vivement...

LA PARURE D'ACIER. Les gandins et les cocodès, qui ne savaient peut-être pas que j'avais pénétré dans un meilleur monde, se mirent à se couvrir d'aimant... Ils en avaient dans toutes leurs poches, ils en portaient en épingle, on alla même jusqu'à se faire faire des gilets aimantés...

LA ROUTINE. Aimantés!...

LA PARURE D'ACIER. Oui, monsieur, dois-je avouer ma faiblesse, l'aimant m'attire...

LA ROUTINE. Ah! ce gredin-là...

LA PARURE D'ACIER. Il m'attire.

AIR : *de la Biche au bois* (HERVÉ.)

Lorsque ma maîtresse sortait,
S'il passait un jeune homme aimable,
Couvert d'un aimant redoutable,
Je m'attachais à son gilet.
Et tout d'abord très-étonnée,
Sans savoir ce qui l'attirait,
Ma maîtresse était entraînée
Vers le monsieur qui m'entraînait.
Alors, sans oser se fâcher,
Elle disait, la pauvre femme :
Pardon, monsieur... — Plaît-il, madame,
Détachez-moi... Vous détacher?
Vous voyez, ma parure est prise.
Prise, où donc?... A votre gilet.
Le monsieur feignait la surprise,
D'un air charmant il souriait.
Et ce sourire, vrai sorcier,
Semblait avoir, je le proclame,
Autant de pouvoir sur la femme,
Que l'aimant en a sur l'acier.
Car souvent, toute amourachée,
Ma maîtresse, qui le croirait?
Au gilet restait attachée
Même quand on m'en détachait.
Enfin, pour la moralité,
Certe, une semblable aventure,
Prouve à quel point une parure
Peut compromettre la beauté.

LA ROUTINE. Ça a dû vous faire bien du tort?...

LA PARURE D'ACIER. Ça m'a perdue, monsieur. (Mugissant dans la boîte n° 1.)

LA ROUTINE. Qu'est-ce que c'est que cela?...

LE BAZAR FRASCATI. Quelque nouveauté qui s'impatiente.

LA ROUTINE. Je vais ouvrir. (Ouvrant la boîte) Tiens! c'est un Espagnol. (Il entre un gros toréador en costume splendide, satin blanc, rouge et or.)

## SCÈNE VII.

### LES MÊMES, UN TORÉADOR,
#### puis un TAUREAU.

LE TORÉADOR. Oui, c'est moi, don Ménélas d'Arcassas de Trifouilladas, mais je ne suis pas seul, j'ai avec moi mon compagnon....

LA ROUTINE. Quel est votre compagnon?

LE TORÉADOR. Le triple diable... un taureau.

TOUT LE MONDE reculant. Un taureau...

LE TORÉADOR. Rassurez-vous... C'est le taureau de l'Hippodrome.

LE BAZAR. Le taureau de l'Hippodrome... Oh! alors, il n'y a pas de danger... Qu'il entre...

LE TORÉADOR. Entrez, triple diable, et présentez vos civilités à ces messieurs et dames. (Entrée du taureau, qui salue la société et baisse les yeux tendrement.)

LA ROUTINE. Ah! il a l'air très-bien élevé, et il baisse les yeux... On dirait une jeune fille sortant de son pensionnat.

LE TORÉADOR. Ce n'est point une jeune fille, mais il est encore garçon...

LA ROUTINE. Bah! il n'est pas marié, mazette!... (Montrant ses cornes.) Il est furieusement en avance. alors ..

LE TORÉADOR. Ah! monsieur, je n'ai pas d'enfants, mais j'ai un taureau qui me donne bien de la satisfaction. (Le taureau lui lèche les mains.) Nous avons obtenu, moi et lui, à l'Hippodrome, un succès qui a dû faire du bruit dans le monde des bêtes à cornes... Vous devez en avoir entendu parler?...

LA ROUTINE. Me rangeriez-vous dans cette catégorie?...

LE TORÉADOR. Oh! du tout, monsieur.

LA ROUTINE. Eh bien! oui, j'en ai entendu parler; on m'a dit qu'on avait pris votre taureau pour une génisse, qu'on avait ri d'abord, sifflé ensuite, et cassé les banquettes pour finir.

LE TORÉADOR, heureux. C'est vrai, monsieur, nous avons eu tout ce bonheur-là.

LA ROUTINE. Ah! ça vous fait plaisir?

LE TORÉADOR. Certainement; n'est-ce pas, triple diable?... (Le taureau saute en signe de satisfaction. Il joue de la prunelle, ouvre la mâchoire comme s'il riait, agite sa queue et se pourlèche avec contentement.)

LA ROUTINE. Mais, par saint Jacques de Compostelle! vous aviez annoncé des courses de taureaux?

LE TORÉADOR. Moi, faire massacrer mon taureau au prix où est la viande?...

LA ROUTINE. Mais, ventre de biche! vous et votre taureau vous êtes deux oies, ou mieux deux saltimbanques...

LE TORÉADOR, allant au taureau, essuyant ses yeux avec un mouchoir. Allons, voilà que vous le faites pleurer... Ne l'écoute pas, triple diable, et mouche-toi. (Il le mouche.)

#### LA ROUTINE.

AIR : *nouveau de Victor Chéri.*

Ah! c'est affreux, odieux, scandaleux.
Voyez comme on trompe la foule :
C'est une poule,
Un agneau qu'à nos yeux
On change en taureau furieux.

#### LE BAZAR FRASCATI.

A ces combats, mettons des bornes,
Si dans Paris, de notre temps,
On tuait les bêtes à cornes,
Ça ferait peur à trop de gens...
Plus de ces combats effrayants.
Ces jeux cruels ont, en Espagne,
Un succès qu'ils n'ont point ici.
Notre gaîté sans doute y gagne,
Car notre refrain, le voici :
Rions, chantons et vive le plaisir !
En France,
Nous aimons la danse,
Mieux vaut cent fois s'amuser que gémir,
Et mieux vaut rire que frémir.

#### REPRISE EN CHŒUR.

Rions, chantons et vive le plaisir, etc.

(Pendant le refrain, le taureau marque la mesure avec sa queue en se balançant. A la reprise du chœur, il danse comme un jeune fou et sort avec tout le monde qui danse avec lui. Le théâtre change.)

---

## CINQUIÈME TABLEAU
### LA GRÈVE DES COCHERS

Le coin du boulevard Poissonnière. Vue prise du restaurant Brébant, café Vachette. On aperçoit la montée du faubourg Montmartre.

---

## SCÈNE PREMIÈRE.

UN MARIÉ, UNE MARIÉE, TÉMOINS ET PARENTS, TROIS COCHERS, Passants.

(Au changement à vue, trois voitures entrent en scène et se rangent à la queue.)

LE MARIÉ, à la portière. Eh bien! cocher, eh

bien ! traversez donc le boulevard ; je vous ai dit chez Brébant, ancien restaurant Vachette.

LE COCHER. Impossible, bourgeois, nous devons attendre ici.

LE MARIÉ. Comment ! vous devez ?... Chez Vachette, ancien Brébant; non, chez Brébant, ancien Vachette, qu'on vous dit.

LE COCHER. C'est en face, traversez.

LE MARIÉ, *descendant de la voiture*. Venez, ma petite femme, venez, papa beau-père et maman belle-mère... Ah ! cocher, ne vous éloignez pas, nous entrons commander le repas de noce et boire l'absinthe, mais nous revenons tout de suite. *(Pendant qu'il a parlé, la foule s'est assemblée autour des voitures.)*

LA MARIÉE. Ah ! papa, que de monde.

LE MARIÉ, *à la foule qui se presse de plus en plus*. Pardon, messieurs, prenez garde au bouquet de fleurs d'oranger de ma femme... c'est très-vétilleux.

LE BEAU-PÈRE, *furieux*. Mais pourquoi donc traversons-nous à pied ?

LA MARIÉE. Mais on m'étouffe !

LE MARIÉ. Prenez donc garde à la fleur d'oranger.

LE BEAU-PÈRE, *toujours furieux*. Mais pourquoi traverser à pied ?

LE MARIÉ. Mais puisqu'on vous dit que c'est le cocher qui le veut. *(Les badauds se sont de plus en plus agglomérés, et la noce a toutes les peines du monde à se frayer un passage ; enfin, elle entre au restaurant et la foule se disperse.)*

LA ROUTINE, *qui est entré*. Une noce, ça me rappelle le jour où avec Adélaïde... Et dire que ça va comme ça depuis le commencement du monde... Voilà une routine que le progrès ne changera pas!.. Hé... hé... il a essayé...

## SCÈNE II.

L'ANGLUMÉ, PLUSIEURS COCHERS. *(Les cochers entrent en scène sans leur fouet. L'Anglumé est à leur tête.)*

L'ANGLUMÉ, *s'arrêtant au milieu du théâtre et s'adressant aux cochers qui sont restés sur leurs sièges*. De quoi ?... qu'est-ce que c'est ?... des *faignants* qui travaillent.

PREMIER COCHER. Tiens ! c'est l'Anglumé.

L'ANGLUMÉ. Quoi que vous faites donc là les *camaraux* ?... Est-ce que vous n'êtes pas de la grève ?...

PREMIER COCHER. C'est donc pour aujourd'hui ?

L'ANGLUMÉ. Nous avons tous remisé nos boîtes et déposé nos fouets, nous avons balancé le tarif et commencé la grève.

LES TROIS COCHERS. Nous en sommes... nous en sommes.

TOUS. En grève !... en grève !...

LA ROUTINE. Mais de quelle grève parlez-vous ? Est-ce de la place de la Grève, ou de la grève de l'Océan, ou de la grève de...

L'ANGLUMÉ. D'aucune de celles-là, petit père, nous parlons de la grève des cochers.

### RONDE.

*Air : nouveau de Victor Chéri.*

Vous, à qui la faillite assure
Un bénéfice net et clair,
N'attendez plus une voiture
Pour gagner le chemin de fer.
Vous-mêmes, à Bruxelles, à Genève,
Il faudra porter votre sac...
Clic, clac, clic, clac,
Les cochers sont en grève.

### LE CHŒUR.

Clic, clac, clic, clac,
Les cochers sont en grève.

### L'ANGLUMÉ.

#### DEUXIÈME COUPLET.

Et vous, amants, qui par centaines,
Sous les ombrages embaumés,
Aux bois de Boulogne, à Vincennes,
Alliez en fiacres bien fermés.

Fils d'Adam, pauvres filles d'Ève,
Vainement vos cœurs font tic tac.
Clic, clac, clic, clac !
Les cochers sont en grève.

### LE CHŒUR.

Clic, clac, clic, clac, etc.

LA ROUTINE. Pardon, voulez-vous me permettre d'ajouter un troisième couplet.
L'ANGLUMÉ. Allez-y !

### LA ROUTINE.

#### TROISIÈME COUPLET.

Si Paris n'a plus de voitures,
Nous serons moins éclaboussés ;
On parlera moins d'aventures,
De bras, de jambes fracassés.
Nous pourrons sortir, est-ce un rêve ?
De chez nous sans avoir le trac !
Clic, clac, clic, clac,
Les cochers sont en grève.

#### REPRISE EN CHŒUR.

Clic, clac, clic, clac,
Les cochers sont en grève.

L'ANGLUMÉ. Assez causé ! venez-vous les *camaraux ?*
PREMIER COCHER. Nous y allons, le temps de rentrer nos guimbardes... Place, place donc. *(Tous les cochers partent bras dessus bras dessous, derrière les voitures qui tournent et s'en vont.)*

#### CHŒUR.

Clic, clac, clic, clac,
Les cochers sont en grève.

LA ROUTINE. Eh bien, non, parole d'honneur, Paris sans voitures, je ne suis pas fâché de voir ça, moi !

## SCÈNE III.

LA ROUTINE, UNE DAME, *fort bien mise*, puis LA VÉNUS AUX CAROTTES, *toutes deux portent des robes très-étoffées.*

PREMIÈRE DAME, *courant dans la direction des voitures*. Cocher !... cocher ! aucune voiture sur la place, cocher !...

LA ROUTINE, *allant s'asseoir sur le banc*. Ah ! ouiche... appelle, va, ils sont trop occupés... à ne rien faire.

LA DAME, *allant au banc*. Je ne puis aller aux Champs-Élysées à pied... attendons un fiacre... Attendre sur un boulevard et sur un banc... je la trouve mauvaise... *(Elle est venue se placer à la gauche de la Routine et a jeté sur lui, avec dépit et sans y faire attention, tout un côté de sa robe, de sorte que la Routine est presque entièrement caché.)*

LA ROUTINE. Ah ! bon, à la bonne heure... ne bougeons pas. *(Entre la Vénus aux Carottes.)*

LA VÉNUS AUX CAROTTES, *en excentrique costume rouge*. Pas un coupé... pas même une voiture de place. Et Léon qui m'attend à la Madeleine... Si du moins je voyais passer un omnibus.

LA ROUTINE, *soufflant*. Je commence à avoir chaud.

PREMIÈRE DAME. Je ne vois rien.

LA VÉNUS. Attendons. *(Elle s'est rapprochée du banc toujours en regardant à sa droite, elle s'assied et jette, comme la première dame, une partie de son costume sur la Routine qui disparait entièrement.)*

LA ROUTINE. Oh ! ça me gêne.

LA VÉNUS. Je suis sûre que Léon s'impatiente.

PREMIÈRE DAME. Mon mari doit m'attendre.

LA VÉNUS. Et pas de voiture.

LES DEUX DAMES. Oh ! mon Dieu !

LA ROUTINE. Moucher, s'il vous plaît!... Voulez-vous me moucher?

PREMIÈRE DAME. Un homme!

LA VÉNUS. Il y avait quelqu'un...

LA ROUTINE. Il y avait, moi...

PREMIÈRE DAME. Ah! monsieur, que d'excuses !

LA ROUTINE. Comment donc, mais au contraire .. Seulement, je trouve que depuis l'invention de la crinoline, les dames se sont humanisées.

*Air : Je vois bientôt quitter l'empire.*

Jadis, par pudeur, j'imagine,
Elles s'éloignaient des garçons,
Mais leur pudeur cède à la crinoline,
Et maintenant nous nous voyons
Disparaître sous leurs jupons.
Si bien qu'aujourd'hui quand nous sommes,
En omnibus, au concert, en wagon,
Au spectacle ou dans un salon,
Si l'on distingue encor les hommes,
Ce n'est plus à leur pantalon.

PREMIÈRE DAME. Oh ! dites donc, mon petit vieux, elle est usée celle-là, y ne faudrait plus nous la faire.

LA ROUTINE, *à part*. Oh! oh! elle benoîtonne, c'est une cocotte.

LA VÉNUS. Je suis d'une impatience...

LA ROUTINE, *à part*. Celle-ci doit être une dame de la haute société. *(Haut.)* Me serait-il permis, belles dames, de vous demander sous quelles crinolines j'ai eu l'honneur...

PREMIÈRE DAME. Je suis la comtesse de Montflanquin, j'attends mon mari.

LA ROUTINE. Une comtesse, bigre! *(Saluant.)* madame. *(A la Vénus.)* Et vous, belle dame.

### LA VÉNUS.

AIR : *de la Vénus aux carottes de Paul Blaquières.*

Me demander ce que je suis, pourquoi?
Quand chaque jour, au ciel mon succès grimpe.
Dans tout Paris, j'ai fait parler de moi,
Comme Vénus autrefois dans l'Olympe,
Dans l'avenir en moi chacun verra
Une Vénus et des moins rococottes,
Et l'univers un jour adorera
La bell' Vénus *(bis)*, la Vénus aux carottes.

LA ROUTINE, *à part*. Aux carottes... C'est une biche... à la mode.

### LA VÉNUS.

#### DEUXIÈME COUPLET.

Vénus était mise légèrement,
Et la morale interdit son costume.
Vous me voyez en riche vêtement,
Il ne faut pas que la beauté s'enrhume.
Une rengaine a toujours du succès,
Et j'ai voulu surpasser les plus sottes,
En me nommant pour plaire au goût français.
La bell' Vénus *(bis)*, la Vénus aux carottes.

LA ROUTINE, *à part*. Et moi qui la prenais... Depuis que toutes les femmes parlent et s'habillent de même, on ne s'y reconnait plus.

PREMIÈRE DAME. Ah! voilà l'omnibus, tant pis, je le prends. *(En ce moment, on voit l'omnibus de la Bastille à la Madeleine qui traverse le théâtre.)*

LES DEUX DAMES. Arrêtez, conducteur; arrêtez! *(L'omnibus s'arrête, mais à l'instant où les deux dames vont y monter, un gros monsieur s'élance, les bouscule et entre avant elles.)*

LA VÉNUS. Eh bien ! il est galant, ce monsieur.

PREMIÈRE DAME. En voilà un pignouf! *(Pendant qu'elles montent à leur tour, un monsieur rejoint l'omnibus et se met à grimper sur l'impériale; tout à coup un autre monsieur descend, lui met le pied sur son chapeau et l'enfonce.)*

LE MONSIEUR, *qui monte*. Aïe! Prenez donc garde, imbécile!

LE MONSIEUR, *qui descend*. L'imbécile! c'est vous, vous ne pouvez pas regarder en l'air.

LE MONSIEUR, *montant*. Vous ne pouvez pas regarder en bas, crétin!

LE MONSIEUR, *descendant*. Crétin!... voici ma carte.

LE MONSIEUR, *qui monte*. C'est bon, nous verrons demain.

LE MONSIEUR, *qui descend*. J'y compte!

LE CONDUCTEUR, *au monsieur qui monte*. Tenez-vous bien... Roulez. *(L'omnibus part.)*

LA ROUTINE, *au monsieur descendu*. Monsieur, j'espère que cette fâcheuse affaire n'aura pas de suite?

LE MONSIEUR, qui descend, à La Routine, en riant. Et de six, c'est le sixième chapeau que j'enfonce depuis ce matin et la sixième pratique que j'envoie à mon chapelier. Je donne sa carte. On va le trouver avec un chapeau renfoncé pour se battre avec lui, on s'explique, et il vend un chapeau neuf, et moi, il me fournit des chapeaux gratis... Ça n'est pas plus malin que ça. (Il sort en se dandinant.)

LA ROUTINE. Tiens... mais il est très-canaille, ce monsieur, spirituel, mais canaille... (Ici l'on voit entrer l'une de ces nouvelles voitures qui balayent le boulevard.) Eh bien!... eh bien!... qu'est-ce que c'est que cela?...

LE COCHER, bousculant La Routine. Rangez-vous donc, monsieur!

LA ROUTINE.

AIR : *Rendez moi mon écuelle de bois.*

Quelle est donc cette exhibition,
De forme curieuse?

LE COCHER.

C'est une nouvelle invention
Qu'on nomme *balayeuse*,
Vous la voyez de part en part,
Et sans que ses ressorts se cassent,
Nettoyer tout le boulevard.

LA ROUTINE.

Et salir ceux qui passent.

(La voiture s'éloigne.)

Encore une nouvelle invention du Progrès! En a-t-il des idées, ce gredin-là!

AIR : *les Cinq Codes.*

Voyez les drôles de toquades!
Tous ces modernes inventeurs,
Qui pensent à nos promenades,
Ne pensent pas aux promeneurs.
Pour nettoyer Paris, on imagine
Des machines, mais je soutiens
Que nous manquons d'une machine } bis.
Pour nettoyer les Parisiens.

## SCÈNE IV.

LA ROUTINE, MARMITONS, PROMENEURS.

(Deux petits pâtissiers entrent en courant des deux côtés et se jettent l'un dans l'autre. L'un porte un panier sur sa tête, ou lit sur le panier : FÉLIX; l'autre, une manne. Tout se renverse. La foule les entoure en riant.)

PREMIER MARMITON. Aïe!
DEUXIÈME MARMITON. Oh!
LA ROUTINE. Ah! bon, carambolage.
PREMIER MARMITON. Imbécile!
DEUXIÈME MARMITON. Cornichon!
LA FOULE. Ah! ah! ah!
LA ROUTINE, ramassant le lunch qui a roulé jusqu'à lui. Tiens, qu'est-ce que c'est que cet objet?
PREMIER MARMITON. Mon lunch, qui est-ce qui a pris mon lunch?
LA ROUTINE, lui présentant sa boîte en fer blanc. Est-ce ça que vous cherchez?
PREMIER MARMITON. Oui, monsieur : allons bon! bosselé.
LA ROUTINE. Qu'est-ce que c'est que ça?
PREMIER MARMITON. C'est un lunch pour luncher.
LA ROUTINE. Pour loucher?
PREMIER MARMITON. Luncher, c'est un lunch.
LA ROUTINE. Un lunch!
PREMIER MARMITON. Une nouvelle invention. Si, par exemple, vous êtes aux courses ou à la chasse, ou perdu dans un désert, vous ouvrez cela, et vous y trouvez une lampe à esprit de vin, un consommé, un gros morceau de bœuf, un couteau, une cuiller et une fourchette.....
LA ROUTINE. Et une assiette? et un verre? et une bouteille? et une table? Si vous ne me donnez pas de table, allez vous promener...

PREMIER MARMITON. Est-il bête!
LA ROUTINE. Me voyez-vous dans un désert...
PREMIER MARMITON. Est-il bête!
LA ROUTINE. Plaît-il?
PREMIER MARMITON. Est-il bête! (Il sort.)

## SCÈNE V.

LA ROUTINE, DISTRIBUTEURS DE PROSPECTUS, puis POMPONETTE, suivie d'un petit groom portant ses journaux. Un distributeur de prospectus s'approche de La Routine et lui remet un prospectus.

LA ROUTINE, prenant le prospectus. Y a-t-il une réponse? (Le porteur s'éloigne sans lui répondre.) Est-ce qu'il est muet? (Lisant.) *Le Soleil*, nouveau journal en renfermant quinze... Diable... (Continuant de lire.) L'agriculteur y trouvera... (Un autre porteur lui présente un prospectus.) *La Lune*, journal de cabinet, renfermant trente journaux. On y verra... (Un troisième porteur lui présente un autre prospectus.) *L'Éclipse*, journal nébuleux, renfermant la valeur de soixante journaux. Décidément le journalisme envahit le firmament.
POMPONETTE, qui est entrée. Le journalisme envahit tout. Demandez, faites-vous servir.
LA ROUTINE. Pardon, madame, à qui ai-je l'honneur...
POMPONETTE. Qui je suis? Une industrielle de mon invention.
LA ROUTINE. C'est vous qui vous êtes inventée?
POMPONETTE. Oui, monsieur. Cette idée m'a été inspirée par les postillons du *Petit Journal*.
LA ROUTINE. Comment cela?
POMPONETTE. Je me suis dit : puisque le *Petit Journal* a beaucoup gagné d'argent à se faire colporter, les autres journaux doivent gagner bien davantage à être distribués par de jeunes et jolies...
LA ROUTINE. Et jolies femmes.
POMPONETTE, baissant les yeux. Je ne voulais pas dire cela.
LA ROUTINE. Mais je le dis, moi : allez.
POMPONETTE. Et voilà, monsieur, je suis en train d'organiser mon service. Je colporte tous les nouveaux journaux.
LA ROUTINE. Et il y en a beaucoup?
POMPONETTE. Ah! monsieur, cette année une avalanche de feuilles s'est abattue sur les Parisiens.
LA ROUTINE. Et sur les statues de nos jardins publics.
POMPONETTE. Déjà plusieurs sont tombées.
LA ROUTINE. Ah! les... ah!
POMPONETTE. Je parle des journaux.
LA ROUTINE. Ah! les,.. oh!

POMPONETTE.

AIR d'*Hervé.*

Porteuse de journaux,
Quel noble état pour une femme!
Et la belle réclame
Pour tous les journaux qui sont nouveaux!

(Montrant un journal.)

C'est l'*Epoque*, et demain,
Sans que ma présence le choque,
Chez l'homme de l'époque
J'entrerai l'*Epoque* à la main.

(Montrant un second journal.)

*La Lune*, sans risquer
Cette phrase commune :
Avez-vous vu la lune?
Phrase qui peut choquer.
Je crois que de tous ceux
Qui pour faire vite fortune
Font des trous à la lune,
*La Lune* doit combler leurs vœux.
Je porte au céladon
Qui souvent change de conquêtes,
A toutes girouettes,
A tout caméléon,

*Le Soleil*, qui déjà
A trois fois changé de visage,
De format, de langage,
De rédacteurs, et cætera...
A l'homme remuant
Qui veut dans les affaires
Éclipser ses confrères,
Je porte en souriant
Ce journal sans pareil,
*L'Éclipse* qui voudrait sans doute
Éclipser sur sa route
*La Lune* et même *le Soleil.*
Aux bavards, aux portiers,
Aux faiseurs de gazettes,
Aux conteurs de sornettes,
A tous les cancaniers,
Je veux porter encor
*Les Nouvelles* qui se répandent,
Qui pour un sou se vendent
Et qui déjà roulent sur l'or.
Bref, avec moi surtout,
Sans faire de courbettes,
Les nouvelles gazettes
Doivent entrer partout.

Porteuse de journaux,
Quel noble état pour une femme!
Et la belle réclame
Pour les journaux qui sont nouveaux!

LA ROUTINE. Est-ce là tout ce que vous avez à m'offrir?
POMPONETTE. Non pas, monsieur, préférez-vous *l'Evénement*?
LA ROUTINE. Ah! oui, *l'Evénement*, je connais.

AIR de M^me *Favart.*

*L'Evénement*, par des hommes de lettres
Qui, pour leur coup d'essai, vraiment,
Surent porter des coups de maîtres,
*L'Evénement* doit faire événement;
Son rédacteur, un homme habile,
Disait jadis : Mon prestige est puissant,
Car je vois accourir la ville
En tous lieux où la *ville me sent.*

LA ROUTINE. Eh bien! non, tenez, toutes réflexions faites... il y en a trop... Vous comprenez que si je m'amusais à lire tout cela...
POMPONETTE. C'est bon, monsieur, c'est bon, n'en dégoûtez pas les autres.

AIR : *Rosière de Noisy-les-Vaches* (HERVÉ).

Par mille recettes
Que moi j'emploirai,
Toutes ces gazettes
Je les placerai.
Ce sera facile,
Et j'y parviendrai,
Lorsqu'à domicile
Je les porterai.
Dans toutes les maisons
Je dirai même aux garçons :
C'est un sou, c'est deux sous,
Trois sous, quatre sous, cinq sous.
Mamzell', que m'importe,
Ils m'ouvriront tous
Leur porte.

ENSEMBLE.

C'est un sou, c'est deux sous,
Trois sous, quatre sous, cinq sous.
Mamzell', que m'importe,
Ils ouvriront tous
Leur porte.

(Pomponette sort.)

## SCÈNE VI.

LA ROUTINE, TOUTE LA NOCE DE LA PREMIÈRE SCÈNE. (Ils sortent de chez Vachette.)

LE MARIÉ. Venez, madame Chapotin, nous allons faire une promenade en voiture, en attendant le dîner, ça nous mettra en appétit. Allons donc, papa beau-père, ah ça! me suit-on?
LES AUTRES. Voilà! voilà!
LA MARIÉE. Eh bien! où sont donc les voitures!
LE MARIÉ. Tiens! c'est vrai! Est-ce qu'elles sont allées nous attendre à la Bastille?

LE BEAU-PÈRE, rageant de plus en plus. Comment, nous n'avons plus de voitures.

LA MARIÉE. Mais j'en ai besoin, il faut que je change de robe avant le dîner.

LE MARIÉ. Nous allons en prendre d'autres.

LA ROUTINE, redescendant. Vous n'en trouverez pas, les cochers sont en grève.

LE MARIÉ. En grève !

TOUS. En grève !

LA ROUTINE. Regardez le boulevard... plus une voiture...

LE MARIÉ. Comment, plus de voitures !

LA MARIÉE. Mais je ne veux pas dîner avec de la fleur d'oranger.

LE MARIÉ. Ça n'est pas nourrissant, non, je veux dire... enfin... il nous faut des voitures.

LA MARIÉE. Ah ! voilà l'omnibus qui passe devant notre porte.

LE MARIÉ. L'omnibus !... une noce en omnibus !

LA MARIÉE. Puisqu'il n'y a pas d'autres voitures.

LE MARIÉ. Au fait, c'est vrai !

LE MARIÉ. Va pour l'omnibus, conducteur... conducteur... (Ici l'omnibus de Grenelle passe et s'arrête.)

LE CONDUCTEUR. Complet à l'intérieur... Il n'y a plus de place que sur l'impériale.

LE MARIÉ. Sur l'étagère, par exemple !

LA MARIÉE, grimpant sur l'omnibus. Ah ! tant pis, puisqu'il n'y a plus d'autre voiture.

LE CONDUCTEUR. Mais, madame, les femmes ne montent pas.

LA BELLE-MÈRE, grimpant aussi. Ah ! tant pis, puisqu'il n'y a pas d'autre voiture.

LE MARIÉ. Au fait... puisqu'il n'y a pas... grimpez, papa beau-père.

LE BEAU-PÈRE. Mais, mon gendre, c'est inconvenant.

LE MARIÉ. Grimpez donc, votre fille a bien grimpé.

LE BEAU-PÈRE, grimpant. Ma fille !... ma fille !... vous m'en direz tant. (Le pied lui manque, il dégringole sur son gendre. On le hisse sur la voiture au milieu des cris et des rires des assistants.)

LE BEAU-PÈRE, apostrophant la foule. Imbéciles ! tas de bêtes ! (Un cavalier et une amazone traversent la foule au galop.)

LE CONDUCTEUR. Tenez-vous bien.

LE MARIÉ. Roulez, cocher ! (Ici la pluie tombe à torrents.)

TOUTE LA NOCE. Ah ! la pluie !

LA ROUTINE. J'en étais sûr. (On ouvre les parapluies.)

LE MARIÉ. Ah ! ventre de biche ! Madame Chapolin, préservez notre fleur d'oranger. (L'omnibus s'éloigne au milieu de l'ondée. — Tout le monde se sauve.)

---

### SIXIÈME TABLEAU

#### LES FRÈRES MALHEUR

Le théâtre représente un petit salon. — Un domestique entre et pose au milieu du théâtre une immense affiche sur laquelle on lit : *Ce soir, grande séance encore plus surnaturelle que magnétique, par les frères Malheur.* — *Insensibilité, somnambulisme, tout ce qui concerne leur état et vont en ville.* — *S'adresser à leur portier pour les séances dans le grand monde.*

---

### SCÈNE PREMIÈRE.

LA ROUTINE, M. et MADAME BALLAMBOIS, Compères, L'OUVREUSE, LE RÉGISSEUR, puis UN MONSIEUR A MOUSTACHES ET A FAVORIS GRIS.

UNE OUVREUSE, dans la salle, côté gauche. C'est là-bas, madame, aux n°ˢ 29 et 31.

MADAME BALLAMBOIS, paraissant aux stalles d'orchestre. Merci.

L'OUVREUSE. Madame veut-elle se débarrasser de son chapeau ?

MADAME BALLAMBOIS. Non, madame, merci, (Passant en place.) Pardon, messieurs.

BALLAMBOIS, suivant sa femme. Tu as tort, bobonne, tu devrais te débarrasser de ta coiffure.

MADAME BALLAMBOIS. Monsieur Ballambois, je ne vous demande pas si votre coiffure vous embarrasse, ne vous occupez pas de la mienne.

BALLAMBOIS. O les femmes ! les femmes ! (Voyant sa femme ôter son chapeau.) Eh bien ! voilà que tu l'ôtes à présent.

MADAME BALLAMBOIS. Je l'ôte parce qu'il y a une stalle vide à côté de la mienne. Qu'est-ce que cela vous fait ?

BALLAMBOIS. Oh ! cela ne me fait rien... mais ne le donnant pas à l'ouvreuse... tu devrais le garder sur ta tête.

MADAME BALLAMBOIS. Vous m'ennuyez !... (Elle s'assied.)

PREMIER COMPÈRE, entrant dans la salle aux fauteuils d'orchestre, même côté.) Pardon, messieurs, voulez-vous me permettre de gagner mon fauteuil, le n° 33, les deux bossus, comme dit ma femme ? (Passant.) On fait bien les salles de spectacle, aujourd'hui... c'est grand,... c'est spacieux !... (S'arrêtant devant Ballambois qui lui fait obstacle.) Aïe, pardon.

BALLAMBOIS. Mais je m'efface, monsieur, je m'efface !

PREMIER COMPÈRE, passant avec effort. On fait mal les salles de spectacle, aujourd'hui, c'est petit... c'est étroit... pardon, madame, 33... m'y voici !... Ah ! mon Dieu ! sur quoi donc me suis-je assis ?

MADAME BALLAMBOIS. Ciel ! mon chapeau !

PREMIER COMPÈRE. Ah ! mon Dieu !... (Montrant le chapeau.) Madame, combien je suis désespéré !...

BALLAMBOIS. Là ! tu ne veux jamais m'écouter !... Si tu avais gardé ton chapeau sur ta tête, monsieur ne se serait pas assis dessus...

PREMIER COMPÈRE. Certainement, je ne me serais pas permis...

DEUXIÈME COMPÈRE, entrant par la droite. De quoi, j'arrive tard, si je veux arriver tard, moi... J'ai loué ma place pour avoir le droit de déranger tout le monde. C'est dans ce seul but que la location a été inventée. D'ailleurs je ne viens pas ici pour le spectacle. J'y viens pour assister à la séance des frères Malheur : n° 22, les deux cocottes, m'y voilà.

PREMIER COMPÈRE, à sa voisine. Comment, madame, vous croyez au magnétisme.

MADAME BALLAMBOIS. Oui, monsieur, j'y crois fermement.

DEUXIÈME COMPÈRE. C'est moi qui ne crois pas à ces attrape-minette. Ils n'ont qu'à bien se tenir, les frères Malheur, je vais un peu les embarrasser tout à l'heure.

PREMIER COMPÈRE. C'est comme moi, j'ai préparé des lettres cachetées dans lesquelles j'ai écrit des choses qui ne sont connues que de moi.

BALLAMBOIS. Moi aussi, j'ai préparé.

MADAME BALLAMBOIS. Moi aussi.

PREMIER COMPÈRE. Nous verrons bien s'ils devinent.

DEUXIÈME COMPÈRE. Ils ne devineront pas.

PREMIER COMPÈRE. Moi et ma femme, nous croyons si peu au magnétisme, que lorsque nous passons dans le quartier on se retourne en disant : Les voilà ceux qui ne croient pas au magnétisme.

DEUXIÈME COMPÈRE. Moi, monsieur, j'en ai horreur, et tout à l'heure je vais être effrayant d'incrédulité. Je déteste les acrobates et je n'ai pas d'autre but que de leur arracher leur faux nez.

LA ROUTINE, entrant aussi, à l'orchestre, côté droit. La séance des frères Malheur est-elle commencée ?

DEUXIÈME COMPÈRE. Non, monsieur.

LA ROUTINE. Ah ! tant mieux, je craignais.

Pardon, messieurs, mesdames... (Ici plusieurs domestiques posent un pont sur l'orchestre.) Tiens ! qu'est-ce que font donc ces messieurs ?

BALLAMBOIS. Ils posent un pont sur l'orchestre. Dans toutes les séances surnaturelles il y a un pont.

DEUXIÈME COMPÈRE. C'est pour essayer de faire couper le public dedans. (On frappe les trois coups dans la coulisse.)

LA ROUTINE, arrivé à sa place. Tiens, je suis arrivé juste.

UN RÉGISSEUR, s'avançant en scène. Mesdames et messieurs, dans un instant, les frères Malheur vont commencer leurs expériences, je prie les dames de ne pas s'évanouir. Les frères Malheur sont extraordinaires, mais ils sont incapables de rien faire....

LA ROUTINE. Comment, ils ne feront rien ?

LE RÉGISSEUR. Rien, de ce qui pourrait effrayer un sexe auquel nous devons à peu près tous notre mère. (Il salue et sort.)

PREMIER COMPÈRE. Je ne crois pas au magnétisme, mais ce monsieur s'exprime bien.

UN MONSIEUR A MOUSTACHES ET A FAVORIS GRIS, se levant au balcon. Messieurs, je suis physicien-escamoteur, prestidigitateur, connu dans le monde pour débiner les trucs de ceux qui me font concurrence ; quand un spirite ou un magnétiseur vient à Paris, j'assiste à ses séances, je devine ses ficelles, et le lendemain je les livre au public de mon théâtre en augmentant les places. Donc, si vous voulez demain m'honorer de votre présence, je vous livrerai les secrets des frères Malheur. Ça sera trois francs les fauteuils d'orchestre, quatre francs les avant-scènes, deux francs le parterre ; les billets de faveur seront généralement suspendus.

LA ROUTINE. Eh bien ! à la bonne heure, c'est carré.

LE RÉGISSEUR. Les frères Malheur.

### SCÈNE II.

#### LES MÊMES, LES FRÈRES MALHEUR.

JULES MALHEUR, au public. Ceci, c'est mon frère Alfred.

ALFRED. Tout ça, c'est mon frère Jules.

JULES. C'est moi que je le magnétise.

ALFRED. Et c'est moi que je dors.

JULES. Nous allons commencer la séance sans plus flâner, attendu que nous sommes attendus chez une marquise du grand monde.

ALFRED. Rue Brisemiche (Ils remontent, et Jules se met à bander les yeux à Alfred.)

LA ROUTINE. Pourquoi donc qu'Alfred est si pâle que ça ?

DEUXIÈME COMPÈRE. C'est pour faire croire que la séance le fatigue ; on connaît ces ficelles-là !

MADAME BALLAMBOIS. Oh ! c'est mal de ne croire à rien ! Je suis bien sûre que ce pauvre jeune homme souffre, moi, quand ce ne serait que pour tout ce qu'on lui met sur la figure.

JULES, qui depuis un instant bouchait les yeux de son frère. Vous voyez, messieurs, que je bouche les yeux, que je bouche les oreilles, que je bouche le nez, que je bouche tout.

PREMIER COMPÈRE. Permettez, permettez. Vous bouchez tout, mais le linge est peut-être troué, on a vu des linges troués.

JULES. Nous allons vous rassurer sur ce point. Alfred, y vois-tu ?

ALFRED. Non.

JULES, au premier compère. Vous voyez qu'il n'y voit pas. (Montrant ses doigts à son frère). Combien de doigts ?

ALFRED. Dix-sept.

JULES, au premier compère. Est-ce une preuve ?

PREMIER COMPÈRE. Ah ! oui, ça !

JULES. Maintenant, je vais l'inonder d'un peu de fluide. (Faisant des presses qui font bondir Alfred.) Une, deux, trois, quatre, dors, je le veux.

ALFRED. Je dors.

JULES. C'est fait!

DEUXIÈME COMPÈRE. Oui, mais dort-il?

MADAME BALLAMBOIS. Puisqu'on vous le dit. (A son mari.) Il est ennuyeux, ce monsieur-là!

DEUXIÈME COMPÈRE. On me le dit, on me le dit.

JULES. Pour vous prouver que non-seulement il dort, mais encore que l'insensibilité, la catalepsie est complète, voilà un sabre qui n'est nullement préparé et que je lui passe au travers du corps. (Il le transperce.)

MADAME BALLAMBOIS, jetant un grand cri. Ah!

BALLAMBOIS. Voyons, voyons, bibiche; ne t'impressionne pas; tu sais bien que dans cet état-là, ce n'est pas dangereux.

JULES. Messieurs, nous allons à présent passer aux épreuves magnétiques. Quelqu'un parmi vous aurait-il par hasard sur lui une lettre encore cachetée?

LES DEUX COMPÈRES, LE MARI, LA FEMME ET LA ROUTINE. Moi, moi. (Ils tendent tous des lettres.)

JULES. Il n'en faut qu'une, et je prends celle de monsieur, qui, tout à l'heure, semblait douter de notre bonne foi. On prétend que nous avons des compères; eh bien! c'est au plus incrédule que nous nous adressons de préférence. (Au premier compère.) Donnez, monsieur.

PREMIER COMPÈRE. Ah! j'avoue que s'il devine ce que j'ai écrit là-dedans, ma foi....

JULES, donnant la lettre à son frère. Qu'y a-t-il là-dedans?

ALFRED, tenant la lettre sur le sommet de sa tête. Des caractères noirs sur du papier blanc.

PREMIER COMPÈRE. C'est ça.

MADAME BALLAMBOIS. C'est extraordinaire.

JULES. Lis!

ALFRED, lisant avec son front. « Pensées d'un père « de famille : — J'aime mieux avoir *des pen-* « *sées* sur ma fenêtre que trois francs pour voir « Jeanne d'Arc au Grand-Théâtre-Parisien. »

PREMIER COMPÈRE. C'est ça, c'est étourdissant, c'est merveilleux.

JULES, qui a repris la lettre. Et pour qu'on ne croie pas que nous nous entendons avec monsieur, que nous ne connaissons pas, que nous n'avons jamais vu, je prie l'un de vous, messieurs, de vouloir bien lire à haute voix.

LA ROUTINE, prenant la lettre. Donnez.... Oh! nous allons bien voir : (Lisant.) « Monsieur, « vous êtes une canaille!

TOUS. Comment?

PREMIER COMPÈRE. Ah! pristi, je me suis trompé de lettre.

LA ROUTINE, continuant. « Voilà seize fois que « je vais chez vous pour la paire de bottes « que vous me devez....

JULES, au premier compère. Qu'est-ce que tu m'as donc donné?

PREMIER COMPÈRE. La lettre de mon bottier.

LA ROUTINE. « Je vous préviens que si vous « ne l'avez pas payée demain, j'irai vous en « porter une autre, mais pas pour la mettre « où vous croyez. — *Signé :* PÉTERMANN. »

DEUXIÈME COMPÈRE, au premier compère. Imbécile! tu t'es trompé!

PREMIER COMPÈRE. Est-ce que c'est ma faute?

LA ROUTINE. Un deuxième compère. Ils se connaissent, ce sont des compères.

TOUS, dans la salle. Oui, ce sont des compères!

DEUXIÈME COMPÈRE. Moi, un compère! voici ma carte!

PREMIER COMPÈRE, sortant. Ah! j'en ai assez, moi, pour quarante-cinq sous par soirée.... En voilà un métier!

JULES. Ne l'écoutez pas, messieurs, c'est un imposteur.

PREMIER COMPÈRE, sortant. Oui, je recevais quarante-cinq sous.... pas de quoi même payer mon bottier.

DEUXIÈME COMPÈRE. Quarante-cinq sous.... dix de plus que moi.... canaille!

PREMIER COMPÈRE. Je t'attends à la sortie!

DEUXIÈME COMPÈRE. Oui, au café Foyé!... (Ils sortent.)

LA ROUTINE. Voyons donc sa carte, à ce monsieur. « M. Lebel, premier comique au Châtelet, va jouer les rois à la Porte-Saint-Martin, quand elle en manque. » Oh! un monsieur qui joue les rois et qui....

JULES. Nous allons réparer ça...

LA ROUTINE. Assez.., vous êtes des saltimbanques.

MADAME BALLAMBOIS. Saltimbanques! mes deux fils!

LA ROUTINE. Comment! leur mère à présent.

MADAME BALLAMBOIS. Oui, je suis leur mère... Alfred, Jules? (Elle monte sur le théâtre.)

BALLAMBOIS, la suivant. Mais, bobonne...

MADAME BALLAMBOIS. Vous m'ennuyez! Je suis une femme respectueuse et soumise... mais je vous dis : Flûte! flûte!

LA ROUTINE, montant sur le théâtre. Ah! c'est trop fort à la fin... (Jules, Alfred, Ballambois et madame Ballambois sont sortis.)

LE MONSIEUR DU BALCON. Je suis physicien, escamoteur, prestidigitateur et...

LA ROUTINE. Allez vous promener aussi, vous.

AIR : *Antiquaire savant* (BÉANCOURT).

Oui, tous, magnétiseurs,
 Spirites, escamoteurs,
 Vous vous entendez tous
Pour escamoter nos gros sous!
Quoi, le progrès répand tant de lumières,
Nous croyons tous être des esprits forts,
Et de nos jours les sorciers, les sorcières,
Pour nous duper ne font pas plus d'efforts.
 Comprenez-vous cela,
 Après ces frères-là,
 Il nous fallut encor
Subir les frères Davenport.
C'est aux esprits que ceux-la faisaient croire
Et quand, pour nous, dupes de faux semblants,
Tous les esprits se trouvaient dans l'armoire,
C'est le public qu'ils avaient mis dedans.
 Assez de vos esprits,
 De vos esprits maudits,
 Esprits qui sans esprit
Font au monde perdre l'esprit.
(Au monsieur du balcon.)
Et vous, monsieur, qui criez : anathème!
Qui vous posez en redresseur de torts,
Vous ne cherchez qu'à profiter vous-mêmes
Des trucs nouveaux qui viennent du dehors.
 Comme tant d'intrigants
 Et tant de charlatans.
 Oui, vous ne criez tous
Que pour qu'on s'occupe de vous.
Assez, morbleu! de ce charlatanisme;
Assez, morbleu! des Mesmer de nos jours,
Magnétiseurs, apôtres du spirisme.
Vous n'êtes tous que des faiseurs de tours.
 Oui, tous, magnétiseurs,
 Spirites, escamoteurs,
 Vous vous entendez tous
Pour escamoter nos gros sous.
(Il sort.)

LE MONSIEUR DU BALCON, sortant. Vous, quand je vous montrerai sur mon théâtre, le prix des places ne sera pas augmenté.

(Le théâtre change.)

---

### SEPTIÈME TABLEAU

#### LE ROYAUME DES INSECTES

---

## SCÈNE PREMIÈRE.

LE PROGRÈS, LA ROUTINE, puis LA CIGALE et LA FOURMI, puis LA BÊTE A BON DIEU.

LA ROUTINE, entrant. Où me conduis-tu?

LE PROGRÈS. A l'exposition des insectes.

LA ROUTINE. Des insectes?

LE PROGRÈS. Celle qui a eu lieu cette année au Palais de l'Industrie.

LA ROUTINE. Ce sont des insectes, ça?

LE PROGRÈS. Tu es ici dans leur royaume; j'ai voulu te les montrer de grandeur surnaturelle, ici, tu les entendras parler, tu les verras agir ainsi que nous.

LA ROUTINE. Est-ce possible?

LE PROGRÈS. Tiens, regarde. (La Cigale avec sa guitare entre d'un côté, la Fourmi avec sa miche de pain de l'autre.)

LA ROUTINE. Qu'est-ce que ces bêtes-là?...

LE PROGRÈS. La Cigale et la Fourmi.

LA ROUTINE. Elles vont se rencontrer près de *La Fontaine*...

LA CIGALE, rencontrant la Fourmi chargée de provisions.

AIR : *Bonjour, mon ami Vincent.*

Quand je vous trouve en chemin,
Pour moi soyez généreuse,
J'ai besoin d'un peu de grain.

LA FOURMI.

La Fourmi n'est pas prêteuse
Et c'est là mon moindre défaut;
Que faisiez-vous donc au temps chaud?

LA CIGALE.

Je chantais, ne vous déplaise.

LA FOURMI.

Ah! j'en suis bien aise,
 Assurément.
Vous aimez le chant,
Eh bien! mon enfant,
Vous chantiez... dansez maintenant.

LA BÊTE A BON DIEU, qui est entrée doucement.

AIR : *En vérité, je vous le dis.*

Moi, qui suis la Bête à bon Dieu,
Quand le malheur frappe à ma porte,
Qu'il soit mérité, peu m'importe,
De le secourir j'ai fait vœu!
Quand on me demande l'aumône,
Du pourquoi je m'informe peu,
A qui me demande je donne,
Moi qui suis la Bête à bon Dieu.

(Elle fait l'aumône à la Cigale.)

LA CIGALE.

AIR : *de la petite poste de Paris.*

Merci, merci, cent fois merci,
Mais sortons; je vois par ici,
S'avancer d'un air martial,
Quatr' mouch' et leur caporal.

LA BÊTE DU BON DIEU.

Non, des dames ne doivent pas
Se trouver avec des soldats.

(Elles sortent.)

## SCÈNE II.

DEUX PATROUILLES DE QUATRE MOUCHES, chacune conduite par un CAPORAL.

AIR : *de la Retraite.*

Marchons au pas
Et mouches diligentes
Soyons intelligentes,
Il ne faut pas
Qu'on entende nos pas!

PREMIER CAPORAL.

Qui vive?

DEUXIÈME CAPORAL.

 Caporal!
Garde national.

PREMIER CAPORAL.

Approchez, caporal,
 Et vivement
Au mot de ralliement.

(Après s'être parlé à l'oreille, se donnent la main.)

TOUS.

AIR : *la Clef, la Clef, vive la Clef!*

Causons, causons,
Nous le pouvons;

Mais si l'on allait nous surprendre.
(Toutes s'envolent vers le fond.)
Rien ne se fait entendre.
Allons,
Nous le pouvons,
Causons, causons!

PREMIER COUPLET.

PREMIER CAPORAL.

Eh bien! au pays où nous sommes,
Que dit-on?

DEUXIÈME CAPORAL.

Notre reine va
Faire une exposition d'hommes.

PREMIER CAPORAL.

J'irai voir c't' exposition-là.

ENSEMBLE.

Causons, causons,
Nous le pouvons;
Mais si l'on allait nous surprendre.
(Elles s'envolent vers le fond, ce qui se répète à tous les refrains.)
Rien ne se fait entendre.
Allons,
Nous le pouvons,
Causons, causons!

DEUXIÈME COUPLET

DEUXIÈME CAPORAL.

Les hommes, cruels et sensibles,
Y seront tous; on y verra
Les utiles et les nuisibles.

PREMIER CAPORAL.

Y en aura-t-il de c'côté-là?

REPRISE.

Causons, causons,
Nous le pouvons,
Mais si on allait nous surprendre.
(S'arrêtant au fond.)
Il me semble entendre,
Écoutons,
Ne causons plus, dissimulons.

LA ROUTINE, faisant avec la main le geste de prendre une mouche. J'ai bien envie d'en attraper une...
LE PROGRÈS. Tu le peux!...
LA ROUTINE. Oui... eh bien! (Même geste.) Je la tiens!

PREMIER CAPORAL.

AIR : *Ma tante Turlurette.*

Eh bien! qui m'arrête ainsi?

LE PROGRÈS.

Est-ce une mouche?

LA ROUTINE.

Mais oui...,
Et pourtant ce que je touche
N'est pas mouche;
Cette mouche
N'a rien de trop mouche!

PREMIER CAPORAL.

AIR : *Cependant je doute encore.*

Monsieur, laissez-moi, de grâce.

LA ROUTINE.

Te laisser, gentil caporal;
Non, il faut que je t'embrasse.

PREMIER CAPORAL.

Ah! monsieur, vous me faites mal!

LA ROUTINE.

Pauvre mouche, elle frétille;
Elle veut quitter le sol.
Petite mouche gentille,
Va rejoindre ta famille,
Je te rends le droit au vol.

PREMIER CAPORAL. Vengeance! (Les deux caporaux et les huit mouches entourent la Routine et la piquent avec leur dard.)

CHŒUR.

AIR : *Oui, dans peu, ventrebleu!*

Suivons-le!
Mordons-le!
Piquons-le!
Dardons-le!
C'est un homme,
Il faut qu'on l'assomme!
Oui, pour nous venger de
Cet homme, attaquons-le!
Mordons-le!
Piquons-le!
Dardons-le!

(Pendant tout ce chœur, La Routine a jeté de grands cris... À la fin du chœur, le Progrès fait un signe. Toutes les mouches disparaissent.)

LA ROUTINE. Au secours! à la garde! je n'en peux plus!...
LE PROGRÈS. Ah! si je n'étais venu à ton aide...
LA ROUTINE. Trop tard! trop tard! Vous m'avez laissé picoter... j'étais mal sans le dard de ces soudards...
LE PROGRÈS. Dam! aussi, pourquoi prends-tu la mouche?...
LA ROUTINE. Ah! si l'on me prend à la reprendre...
LE PROGRÈS. Silence!... j'aperçois des demoiselles... C'est un pensionnat...
LA ROUTINE. Un pensionnat de jeunes demoiselles, j'aime mieux ça.
LE PROGRÈS. Prends garde... ce sont aussi de fines mouches...
LA ROUTINE. Oui... mais elles ne font pas partie de la garde nationale...
LE PROGRÈS. Attention! les voici...


# SCÈNE III.

LES MÊMES, UN ESSAIM DE DEMOISELLES.


CHŒUR.

AIR : *Liberté des théâtres.*

Parlons!
Babillons!
Et cancannons,
Mesdemoiselles,
Cela fait aux belles
Un plaisir inouï.
Oui !

PREMIÈRE DEMOISELLE.

Si jamais, moi, je me marie
D'un époux,
Voyez-vous,
J'exige luxe et bijoux.
Son amour, sa galanterie,
Me doivent des valets,
Des carrosses, des palais!

DEUXIÈME DEMOISELLE.

Je veux que le mien
Reçoive le cousin que j'aime
Et je prétends même
Qu'il n'en pense rien !

TOUTES.

Bien !

DEUXIÈME COUPLET.

PREMIÈRE DEMOISELLE.

Les cousins, nous en avons toutes,
C'est courtois,
Mais sournois,
Et ça pique quelquefois.
Malgré moi, j'ai sur eux des doutes,
Et je crains,
Oui, je crains
La piqûre des cousins.

DEUXIÈME DEMOISELLE.

Bah! moquons-nous d'ça,
Ces piqûr's-là

N'ont rien d'étrange,
Ça démange
Mais
On n'en meurt jamais!

TOUTES.

Non!
Parlons!
Babillons
Et cancannons,
Mesdemoiselles,
Cela fait aux belles
Un plaisir inouï,
Oui !

(Ici l'on entend un bourdonnement très-fort qui se prolonge pendant le couplet.)

PREMIÈRE DEMOISELLE.

AIR : *Pour que le moulin tourne, tourne.*

Mais écoutez, mesdemoiselles.

TOUTES.

Oh! le tendre bourdonnement,
N'entendez-vous pas un bruit d'ailes
Et de cœurs un doux battement!
Déjà tous les échos résonnent,
Résonnent de ces bruits si doux.
Ce sont nos cousins qui bourdonnent,
Qui bourdonnent autour de nous!


# SCÈNE IV.

LES MÊMES, UN ESSAIM DE COUSINS
se précipitant en scène.


REPRISE.

Ce sont { vos / nos } cousins qui bourdonnent.

Qui bourdonnent autour de { vous / nous }.

LES COUSINS.

AIR connu.

Entre Paris et Lyon,
J'ai cueilli près de Dijon,
Entre Paris et Lyon,
Ces fleurs que je vous donne.

PREMIER COUSIN.

Acceptez donc
Ce léger don,
Une fleur par personne.

TOUS.

Entre Paris et Lyon,
J'ai cueilli près de Dijon,
Ces fleurs que je vous donne!

LE PREMIER COUSIN, restant avec la première demoiselle seule à l'avant-scène, pendant que les autres remontent et se promènent.

AIR : *La bonne aventure, ô gué.*

Quoi! vos parents, me dit-on,
Veulent, c'est leur rêve,
Qu'avec un riche frelon
Votre hymen s'achève!
Mais je ne suis pas un sol,
Ce soir grimpant à l'assaut,
Je vous enlève,
S'il faut
Que je vous enlève.

PREMIÈRE DEMOISELLE.

AIR : *Tu n'en as jamais rien su*

Les parents dont je suis fille
Ont droit de vous refuser,
Avez-vous une famille,
Vous qui voulez m'épouser?
De la froideur de ma mère
Vous vous êtes aperçu,
Enfin quel est votre père ?

PREMIER COUSIN.

Je n'en ai jamais rien su.

PREMIÈRE DEMOISELLE.

Pourtant vous avez un père ?

PREMIER COUSIN.

Je n'en ai jamais rien su.

(Ici fanfare à l'orchestre.)

PREMIER COUSIN.

AIR : *de V. Chéri.*

Quel ce bruit ?

DEUXIÈME DEMOISELLE.

C'est notre reine
Dont le cortége nous attend.

TOUS.

Au-devant de la souveraine,
Tous, il faut nous rendre à l'instant.

(Ils sortent.)

LA ROUTINE.

AIR *connu* (précédent).

Eh ! quoi, toutes envolées ?
J'étais entourée d'essaims,
D'essaims de bêtes ailées,
D'essaims de jeunes cousins !
D'essaims de mouches cruelles
Qui m'ont assez mal reçu,
Et *d'essaims* de demoiselles.
Je n'en ai jamais tant vu !

LE PROGRÈS. Tais-toi, voici la reine.

## SCÈNE V.

LA REINE DES ABEILLES, précédée de son cortége, composé de tous les insectes gracieux et brillants : PAPILLONS, GUÊPES, FRELONS, BOURDONS, etc.

AIR : *de la Retraite de Crimée.*

Avec amour
Chantons en ce beau jour
La reine d'un séjour    } Bis.
Qui rappelle à nos yeux
Son pouvoir glorieux.

Et, quoique en elle on aime
L'éclat du rang suprême,
Jamais sa majesté
N'égala sa beauté.
Merveille des merveilles,
La reine des abeilles,
Au milieu des splendeurs,
Règne sur tous les cœurs !

Avec amour
Chantons, etc.

LA REINE.

AIR *de Croquefer* (OFFENBACH).

A nos yeux
Oui, des hommes les lois sont suspectes,
En ces lieux
Mon devoir est de marcher contre eux.
C'est affreux,
On les voit exposer des insectes,
Et sur eux
Vengeons tous nos frères malheureux !

Abeilles, guêpes et bourdons,
C'est la guerre
Fourmis, mouches et papillons,
Sur la terre,
Les hommes nous les soumettrons,
Je l'espère.
En avant, en avant, marchons,
Combattons,
Nous triompherons,
J'en réponds.

REPRISE.

A nos yeux, etc., etc.

LA ROUTINE.

Ah ! maintenant enfin je vois
Où nous sommes,
Sur la terre, manants, bourgeois,
Gentilshommes,
Elles vont picoter, je crois,

Tous les hommes.
Empêche-nous d'être attaqués,
Provoqués,
Traqués, détraqués
Et piqués.

LE PROGRÈS.

Ne crains rien,
Pour combattre un peuple de perfides
Je sais bien
Où prendre encore un nouveau moyen.
Tiens, voilà
Mes nouveaux soufflets insecticides,
Tiens, voilà,
Ce que le Progrès pour vous inventa.

(Ici deux énormes soufflets se développent et sur lesquels on lit : *Poudre insecticide.*)

LES INSECTES.

Juste ciel !
Les nouveaux soufflets insecticides !
C'est cruel,
Recevoir ainsi le coup mortel ;
C'est affreux,
Il faut combattre tous ces perfides !
A nos yeux,
Quoi ! les hommes sont victorieux.

(Tous les insectes se sauvent en criant. Le Progrès et La Routine sortent.)

(Le théâtre change.)

———

## HUITIÈME TABLEAU

JEAN RAISIN

Une place de village.

—

## SCÈNE PREMIÈRE.

LA ROUTINE, entrant. Jean Raisin doit être par ici. En sortant du royaume des insectes, j'ai voulu assister aux vendanges de 1865... et le Progrès m'a dit que...

## SCÈNE II.

LA ROUTINE, BONNICHON, en costume de gardien du Jardin des plantes.

BONNICHON, entrant. Je fuis Paris... Il est parti.
LA ROUTINE. Ah !...
BONNICHON. Nous ne le verrons plus.
LA ROUTINE. Vous croyez ?
BONNICHON. J'en suis sûr, monsieur. La machine a résisté.
LA ROUTINE. La machine !
BONNICHON. Ce n'est pas sa faute, allez ; il a fait tout ce qu'il a pu pour la briser.
LA ROUTINE. Pour briser la machine ?
BONNICHON. Oui, monsieur, il ne voulait pas partir.
LA ROUTINE. Mais, sapristi ! qui ça ?
BONNICHON. Comment ! vous ne comprenez donc pas, l'éléphant !
LA ROUTINE. L'éléphant !
BONNICHON. Mais oui, l'éléphant qui vient de partir pour l'Angleterre !
LA ROUTINE. Ah ! vous aviez un éléphant qui vient de partir !
BONNICHON. Mais vous ne savez donc rien ? Il ne voulait pas s'éloigner de la France.
LA ROUTINE. C'était un éléphant chauvin !
BONNICHON. On l'avait claquemuré dans un énorme coffre en bois de chêne ; d'un coup de pied, il l'a brisé !
LA ROUTINE. Bon, voilà le coffre brisé ; après ?
BONNICHON. On l'a reclaquemuré dans un autre coffre.
LA ROUTINE. Toujours en bois de chêne ?
BONNICHON. Toujours. Il le rebrise.

LA ROUTINE. Très-bien !
BONNICHON. Mais enfin, on finit par en fabriquer un tellement solide...
LA ROUTINE. Que malgré ses efforts...
BONNICHON. Il partit !
LA ROUTINE. Il partit !
BONNICHON. Oh ! mais pas sans défense.
LA ROUTINE. Parbleu ! ça se conçoit, un éléphant... (Il fait le geste qui indique les défenses.)

BONNICHON.

AIR : *Toto Carabo.*

Tout le long du voyage
On l'entendit rugir
Et gémir,
Et comme de sa cage,
Le haut restait ouvert,
Tout ouvert,
Pour nous faire hier
Ses adieux d'un air
Aussi triste que fier,
Sa trompe était (*ter*) en l'air.

ENSEMBLE.

Sa trompe était (*ter*) en l'air.

(Bonnichon sort en se lamentant.)

## SCÈNE III.

LA ROUTINE, UN VIEUX MONSIEUR. (Sur la fin du couplet, un vieux monsieur est entré, il s'est approché, et quand il se trouve devant La Routine, il lui dit avec chagrin.)

LE VIEUX MONSIEUR. Elle a disparu, monsieur.
LA ROUTINE. Plaît-il !
LE VIEUX MONSIEUR. Elle a disparu pour toujours !
LA ROUTINE. Qui ?
LE VIEUX MONSIEUR. Une si grande réputation ! une si excellente chose !
LA ROUTINE. Pardon .. de quoi s'agit-il ?
LE VIEUX MONSIEUR. Elle était née en 1820.
LA ROUTINE. Ah ! diable !
LE VIEUX MONSIEUR. Elle avait été goûtée sous la Restauration... appréciée sous la branche cadette et dévorée sous la République.
LA ROUTINE. Mais quoi donc, monsieur, quoi donc ?
LE VIEUX MONSIEUR. Est-ce que je ne vous l'ai pas dit ?
LA ROUTINE. Non, vous avez peut-être cru... mais...
LE VIEUX MONSIEUR. La galette, monsieur.
LA ROUTINE. La galette, monsieur !
LE VIEUX MONSIEUR. L'ancienne galette du Gymnase.
LA ROUTINE. Comment, est-ce qu'à présent le Gymnase manquerait de galettes ?
LE VIEUX MONSIEUR. Hélas ! c'est ainsi que tout disparaît ! Et pourtant, monsieur, quel beau règne ! quelle vogue ! Que de gentilles petites mains l'ont portée à de charmantes petites bouches ; que de jolies petites dents l'ont croquée !
LA ROUTINE. Heureuse galette !
LE VIEUX MONSIEUR. C'était le bon temps, monsieur !
LA ROUTINE. A qui le dites-vous ?

LE VIEUX MONSIEUR.

AIR : *Je pars. Déjà de toutes parts.*

Hélas !
Le plaisir, ici-bas,
Jadis ne coûtait pas
Ce qu'à présent il coûte.
C'était
A qui s'amuserait,
A tout prix on trouvait
Le plaisir sur sa route.
Caché,
Plus d'un charmant péché

Venait à bon marché.
Charmer notre existence
Et doublement heureux
Constamment amoureux
On se promenait deux
Sans faire de dépense.
Jadis pour deux sous de galette
Au Gymnase, où nous allions tous,
On régalait une grisette
Qui vous souriait pour deux sous.
　　Ce sourire,
　　Qu'on admire,
　　Qu'on désire,
　　En tout temps,
　　Chez Risette,
　　La lorette,
　　On l'achète
　　Mille francs.
　　Voilà
Comme tout s'envola,
Et les amours et la
Galette économique.
　　Beaux jours,
Que vos instants sont courts,
Monsieur Coupe-toujours
A fermé sa boutique.
　　L'amour,
Te méprise en ce jour,
Pâte ferme qu'au four
On faisait cuire à peine.
Adieu, passé mesquin,
Adieu, siècle Berquin,
Pantalon de nankin,
Adieu, robe d'indienne.
Le vieux Paris tombe en ruine,
Lise a des truffes à manger.
Place, place à sa crinoline
Et des palais pour la loger.
　　Qu'on l'acclame,
　　La proclame,
　　Moi je blâme
　　Ses exploits!
　　Et regrette
　　La grisette
　　Et la galette
　　D'autrefois!

　　Hélas!
Le plaisir ici-bas,
Jadis ne coûtait pas
Ce qu'à présent il coûte.
　　Et sur sa route,
　　Dans Paris,
Chacun pouvait jadis
S'amuser à tout prix.

　　　　(Il sort sur la reprise.)

LA ROUTINE. Eh bien! pourquoi m'a-t-il dit
tout cela? Certainement, je partage son dé-
sappointement. Je dois en convenir, j'aimais
la galette, mais enfin... (Bruit au dehors.) Hé! je
connais cette voix.

### SCÈNE IV.

LA ROUTINE, JEAN RAISIN, suivis de vignerons
vigneronnes, la hotte au dos.

JEAN RAISIN, au dehors. Ah! ma foi... tant
pis, je me repose.
LA ROUTINE. Jean Raisin, le premier de nos
vignerons. (Ils se donnent la main et descendent en scène.)

JEAN RAISIN.

Air nouveau de Victor Chéri.

Ah! que c'est beau!
　　Que c'est beau!
　　Quel tableau!
La superbe vendange.
　　Tout s'accomplit,
　　Tout change
　　Et s'embellit
Quand le pressoir s'emplit.

Divine liqueur,
Par une mensongère ivresse.
Fait croire au bonheur,
Souvent le bonheur, c'est l'erreur.
　　Vigne, mes amours.
　　Verse toujours,
　　Verse sans cesse.
La richesse aux gueux
Et l'espérance aux malheureux.

Ah! que c'est beau!
　　Que c'est beau!
　　Ce tableau!

La superbe vendange.
　　Tout s'accomplit,
　　Tout change
　　Et s'embellit
Quand le pressoir s'emplit.

REPRISE EN CHŒUR.

Ah! que c'est beau! etc.

JEAN RAISIN.

*Romance.*

Mais avant la vendange, on a vu cette année
De bien cruels malheurs, de bien tristes tableaux.
Le ciel devenait sombre, et la foudre éloignée
Menaçait en grondant nos champs et nos coteaux.
Le nuage s'ouvrait, pluie et grêle fatales,
Coupaient les blés en herbe et la vigne en bourgeons,
Et l'orage emportait, par sinistres rafales,
L'espoir des moissonneurs, l'espoir des vignerons.

LA ROUTINE.

Air : *du Cabaret.*

Mais, le lendemain, sur nos terres,
Le soleil était de retour,
La France est un peuple de frères.
Et les orages n'ont qu'un jour.
Sous l'ombrage, l'oiseau roucoule,
Les glaneurs ont trouvé du blé,
La femme sourit, le vin coule,
Et l'univers est consolé.

JEAN RAISIN.

RONDE NOUVELLE. *Musique de Victor Chéri.*

Ohé! les vendangeurs!
Les gentilles vendangeuses!
Ohé! les vendangeurs!
C'est la fête des buveurs.
　　Travailleuses,
　　Travailleurs,
　　Grappilleuses,
　　Grappilleurs,
Ohé! les vendangeurs!
C'est la fête des buveurs.

Toi-même, mon vieux La Routine,
Par ces refrains tu fus bercé,
Et tu peux proclamer divine
Cette gloire du temps passé.
Oui, c'est pour chanter ses louanges
Qu'ici le Progrès t'appela.
Voilà! voilà! voilà! voilà!
Le tableau des vendanges.

　　　　(Changement.)

---

## NEUVIÈME TABLEAU

### LES VENDANGES DE 1865

Le théâtre représente un coteau à perte de vue,
tout couvert de ceps de vignes et sur lequel vont
et viennent une armée de vendangeurs et de
vendangeuses en travail. Au changement, ils en-
tonnent le refrain de la ronde.

Ohé! les vendangeurs,
Les gentilles vendangeuses, etc.

JEAN RAISIN.

DEUXIÈME COUPLET.

Que de la vendange nouvelle
Sortent des prodiges nouveaux,
C'est l'allégresse universelle
Que nous allons mettre en tonneaux.
C'est la vigne qui tout féconde,
Le progrès est sorti de là.
Voilà! voilà! voilà! voilà!
La merveille du monde.

CHŒUR GÉNÉRAL.

Ohé! les vendangeurs,
Les gentilles vendangeuses, etc.

(Sur cette reprise, un mouvement général s'opère sur les
coteaux. Les jeunes filles en descendent et dansent. Une faran-
dole immense anime le baisser du rideau.)

---

# ACTE TROISIÈME

## DIXIÈME TABLEAU

### LE MUR D'AFFICHES

Le théâtre représente un mur couvert de toutes les
affiches-réclames du moment. Entre autres un
œil démesurément grand. Annonces de toutes
sortes, les loteries nouvelles et les emprunts
nouveaux.

—

## SCÈNE PREMIÈRE.

LA ROUTINE, seul. Allons bien! La rue Mé-
nilmontant qui s'appelle à présent la rue
Oberkampft. Il paraît que c'est plus facile à
retenir, Oberkampft. Désireux de rafraîchir
mon costume, je me rappelle que je me four-
nissais dans la rue Aumaire, au *Gilet couronné.* Je m'y transporte, et dans la rue Aumaire, qui s'appelle aujourd'hui la rue Tur-
bigo, plus de *Gilet couronné.* Je me dis : C'est
égal, je trouverai un autre magasin, passage
de la Marmite, et je trouve le passage de la
Marmite... renversé. Je crois être plus heureux, rue des Marais ou rue des Vinaigriers:
tout ça est devenu le boulevard Magenta. Eh
parbleu! allons au Temple, me dis-je, mais...
ce quartier est tellement changé que je m'y
perds et que je ne sais plus où je suis. Oh!
si, je suis devant un mur. Oh! le bel œil!
Tiens, un monsieur qui vend des habits à
l'œil! En ont-ils des inventions et des affiches!

AIR : *de Turenne.*

Pour vendre habits, vestes, culottes,
Pantalons d'hommes et d'enfants,
Paletots, gilets, redingotes,
Rien qu'en affiches tous les ans,
Ils dépensent cent mille francs!
Et je crois qu'ils seraient plus riches
S'ils voulaient mettre à fair' de bons habits,
L'argent qu'ils mettent sans profits,
　　A faire de belles affiches!

LA ROUTINE. Peut-être que l'une de ces
affiches... Non, des loteries, des emprunts...
Ah! sac à papier! que de lots? C'est moi qui
ne serais pas fâché d'en gagner un.

## SCÈNE II.

### LA ROUTINE, LE PROGRÈS.

LE PROGRÈS, qui vient d'entrer. Eh bien, mais
c'est facile.
LA ROUTINE. Ah! vous voilà! Comment,
c'est facile?
LE PROGRÈS. Mais certainement. Demande,
fais-toi servir. (Il fait un geste.)

## SCÈNE III.

### LA ROUTINE, LA LOTERIE DE TOULOUSE, LA LOTERIE DES ENFANTS-PAUVRES, L'EMPRUNT MUNICIPAL, L'EMPRUNT DU MEXIQUE.

TOUS, entrant à la fois.

CHŒUR.

Air : *Loterie, loterie.*

Place! place!
Que je passe,
En votre chance ayez foi!
　　C'est une
　　Bonne fortune
Que de s'adresser à moi.

LA LOTERIE DE TOULOUSE.

Je suis des plus magnanimes
A Toulouse je me vends ;
Donnez-moi vingt-cinq centimes
Vous aurez cent mille francs!

**LA LOTERIE DES ENFANTS-TROUVÉS.**

A ce prix-là quel problème !
Oui, quoique très-indigents
Les enfants-trouvés, de même,
Vous donnent cent mille francs !

**L'EMPRUNT MUNICIPAL.**

Et moi, généreuse et bonne,
A qui me prête je rends ;
Et pour cinq cents francs, je donne
Cent cinquante mille francs.

**L'EMPRUNT MEXICAIN.**

Quant à moi, je me contente
De bénéfices moins grands ;
Je fais, pour trois cent quarante
Gagner cinq cent mille francs ! •

**LA ROUTINE.**

Il ne faut, à leur approche
Qu'avoir, on le dit partout,
Huit ou neuf cents francs en poche
Pour.... ne rien gagner du tout !

REPRISE ENSEMBLE.

Faites place
Que je fasse,
etc., etc.

LA ROUTINE. Mais c'est effrayant, cent mille francs ! quinze cent mille francs ! cinq cent mille francs ! Comment, vraiment, on gagne tout cela à la fois ?

LA LOTERIE DE TOULOUSE. Si le numéro sort.

LA ROUTINE. Et s'il ne sort pas ?

LA LOTERIE DES ENFANTS-TROUVÉS. Vous ne gagnez rien du tout.

L'EMPRUNT MUNICIPAL. Pardon, parlez pour vous,.... Les billets que je donne, moi, rapportent toujours, même à celui qui ne gagne pas.

L'EMPRUNT MEXICAIN. C'est comme les miens.

LA LOTERIE DES ENFANTS-TROUVÉS. Pardine ! on les paye assez cher !

L'EMPRUNT MUNICIPAL. Parce que nous valons quelque chose.

LA LOTERIE DE TOULOUSE. C'est-à-dire que nous ne valons rien !

LA ROUTINE, au milieu. Eh bien ! eh bien ! Messieurs, mesdames ! est-ce que les loteries et les emprunts vont se prendre aux cheveux ? J'en appelle au Progrès ! Votre opinion, s'il vous plaît ?

LE PROGRÈS.

AIR : *de la Foire aux idées,*

Sans doute, toute nouveauté
Peut avoir son mauvais côté,
Et celles-ci font, en tous lieux,
Plus de malheureux que d'heureux !

Souvent après l'illusion,
Arrive la déception ;
Mais on eût des émotions,
On a rêvé des millions.

Et le but a toujours été
Le progrès ou la charité ;
Aussi quand l'arrêt est rendu
Tout le monde n'a pas perdu !

D'ailleurs perdrait-on constamment,
Si l'on fût heureux vif moment ;
On ne peut trop payer l'erreur
Qui nous a montré le bonheur !

Toujours pendant cinq ou six mois,
Pendant plus d'un an quelquefois
L'un rêve des soupers joyeux,
L'autre des palais somptueux !

L'amant rêve, avec volupté,
Un sourire de sa beauté ;
La biche rêve un tilbury ;
L'honnête femme un bon mari !

Et comme disait Béranger :
Il faut toujours encourager
Ce qui fait faire, même en vain,
Un rêve heureux au genre humain.

TOUS.

Et comme disait Béranger,
etc., etc.

LA ROUTINE. Oh ! ma foi ! je n'y résiste plus !

LES LOTERIES ET LES EMPRUNTS. Vous me prenez { un billet ? { une action ?

LA ROUTINE. Si je vous prends ? Jamais ! Non, je préfère courir la chance de gagner, sans aucun billet.

TOUS. Sans aucun billet ?

LA ROUTINE. Le hasard ! On ne sait pas !

L'EMPRUNT MEXICAIN. Tant pis pour vous.

L'EMPRUNT MUNICIPAL. La fortune à un autre !... Place !

TOUS. Place !

REPRISE DU CHŒUR D'ENTRÉE.

Place ! place !
Que je passe,
etc., etc.

(Sortie des loteries et des emprunts.)

LA ROUTINE. Puisque vous voilà, vous allez m'indiquer mon chemin.

LE PROGRÈS. Où veux-tu aller ?

LA ROUTINE. Au vieux Temple.

# SCÈNE IV.

**LA ROUTINE, LE VIEUX TEMPLE.**

LE VIEUX TEMPLE, avec son costume allégorique, Qui demande le vieux Temple ?

LE PROGRÈS. Tu vois que tu es servi à la parole.

LA ROUTINE. Comment, ce serait là..... Tiens, oui ! Vous avez la Rotonde sur la tête.

LE VIEUX TEMPLE. Et mes quatre anciens carrés.... Le Palais-Royal sur l'épaule droite, le pavillon de Flore sur l'épaule gauche.

LA ROUTINE. Vous les portez sur vos épaules !

LE VIEUX TEMPLE. J'ai ma forêt Noire sur le cœur... et mon insecte volant sur le dos.

LA ROUTINE. Et le fameux carreau du Temple, votre Bourse aux loques !

LE VIEUX TEMPLE. Ma bourse est dans ma poche et mon carreau sur l'œil !

LA ROUTINE. Ah ça ! vous déménagez donc ?

LE PROGRÈS. Mon Dieu, oui ! Le progrès lui a donné congé.

LE VIEUX TEMPLE. Hélas !

LA ROUTINE. Est-ce possible ?

LE VIEUX TEMPLE.

AIR : *des Trois Gamins* (E. DÉJAZET).

Après de longs jours
Des jours de gloire
Et de victoire

ENSEMBLE.

Des jours de gloire
Et de victoire !

LE VIEUX TEMPLE.

Après de longs jours
Oui, j'ai disparu pour toujours.

ENSEMBLE.

Oui, j'ai { disparu pour toujours.
Il a {

LE VIEUX TEMPLE.

Du hasard (*bis*)
On a fermé le bazar.
Adieu mastiqueurs,
Adieu chineurs,
Adieu râleuses,
Adieu rebouiseurs,
Fafioteuses
Et niolleurs !

ENSEMBLE.

Fafioteuses
Et niolleurs (*bis.*)

De ce bon vieux Temple
Que { ton { œil contemple
{ mon {
Il { te { faut pleurer le départ.
{ me {
Adieu la Rotonde !
Merveille du monde,
Adieu le Temple du hasard !

LE PROGRÈS.

DEUXIÈME COUPLET.

Je fis un palais
Pour y vendre de vieilles loques ;

ENSEMBLE.

Pour y vendre de vieilles loques.

LE PROGRÈS.

Je fis un palais
Pour des défroques
Au rabais.

ENSEMBLE.

Pour des défroques
Au rabais !

LE PROGRÈS.

Que de fonds (*bis.*)
Pour vendre de vieux chiffons !
Adieu mastiqueurs,
Adieu chineurs,
etc., etc.

# SCÈNE V.

LES MÊMES, LE NOUVEAU TEMPLE, personnifié par une femme portant un costume allégorique.

LE NOUVEAU TEMPLE. Avez-vous bientôt fini ?

LE VIEUX TEMPLE. Le nouveau Temple, mon usurpateur.

LE NOUVEAU TEMPLE. Dis plutôt ton successeur. Entre nous, je me crois un peu mieux que toi !

LE VIEUX TEMPLE. Le mieux est l'ennemi du bien.

LE NOUVEAU TEMPLE. Dis plutôt que le vieux est l'ennemi du mieux !

LE VIEUX TEMPLE. Prenons Monsieur pour juge.

LE NOUVEAU TEMPLE. Soit. J'accepte !

LE PROGRÈS. Et pour qu'il juge en connaissance de cause, je vais lui montrer l'ancien et le nouveau Temple.

LA ROUTINE. Justement, j'ai besoin d'un costume.

LE PROGRÈS. A moi les vieilles boutiques du vieux Temple (Ici le mur se transforme et devient l'ancien Temple.)

---

## ONZIÈME TABLEAU

L'ANCIEN MARCHÉ DU TEMPLE

—

# SCÈNE VI.

LES MÊMES, PLUSIEURS MARCHANDES.

PREMIÈRE MARCHANDE, à la Routine. Achetez-moi donc, Monsieur, achetez-moi !

DEUXIÈME MARCHANDE. Un paletot, Monsieur !

TROISIÈME MARCHANDE. Un pantalon, jeune homme !

QUATRIÈME MARCHANDE. Parlez-moi donc, joli garçon !

CINQUIÈME MARCHANDE. Venez à moi, mon amour d'homme !

SIXIÈME MARCHANDE. Que faut-il à Monsieur ?

TOUTES ENSEMBLE. Un pantalon. Un habit. Un paletot. Un gilet. Un chapeau. Des souliers. Prenez-moi ça. Ayez confiance ! Ma boutique est connue ! Vous reviendrez me voir, si vous êtes content. Mettez ceci, c'est une superbe occasion ! vous ne la retrouverez pas ! Une affaire d'or. Ça vous va que c'est merveilleux ! Vous avez l'air d'un prince russe. (Tout en parlant ensemble, elles ont déshabillé la Routine, qui, à la fin de leur tirade, se trouve entièrement métamorphosée, il a un pantalon trop court, un paletot trop grand ; un chapeau trop petit, etc., etc.)

LA ROUTINE. Sapeilotte ! c'est magnifique !

LE VIEUX TEMPLE. Magnifique et pas cher !

LE PROGRÈS. Mais, vois comme c'est bon ! (Ici les habits de la Routine se déchirent.)

LA ROUTINE. Ah ! corne de biche ! Mais il m'est impossible de me présenter ainsi dans le monde.

LE NOUVEAU TEMPLE. Quand je te le disais...

LE PROGRÈS. Allons, disparaissez, niolleuses, chineuses et fafiotteuses... et place au nouveau Temple ! (Tous les personnages du vieux Temple disparaissent.)

## DOUZIÈME TABLEAU

### LE NOUVEAU TEMPLE

Le théâtre change et représente le nouveau Temple. En scène, trois marchandes richement vêtues.

LA ROUTINE. Oh ! oh ! Mazette ! Bigre de bigre ! Il est certain que c'est plus... que c'est moins... enfin que c'est autre chose.

LE NOUVEAU TEMPLE. Oh ! tu ne vois rien encore. Adresse-toi à Madame, tu vas en juger !

LA ROUTINE. Mais, dites-moi donc, ces dames ne se dérangent pas. Elles ne me font aucune offre.

LE PROGRÈS. Pour qui les prends-tu ? D'abord, ça leur est défendu, ensuite, elles sont trop bien élevées pour se permettre d'importunes avances.

LA ROUTINE. Ah ! alors il faut que ce soit moi...

LE PROGRÈS. Mais sans doute...

LA ROUTINE. Oui, je comprends bien que c'est plus naturel ; mais ça m'impressionne, parce que... une si belle dame... lui demander un pantalon, enfin ! (S'approchant de la marchande qui se trouve au milieu et la saluant.) Madame !

PREMIÈRE MARCHANDE, se levant et saluant. Monsieur !

LA ROUTINE, resaluant. Madame !

PREMIÈRE MARCHANDE. Donnez-vous la peine de vous asseoir.

LA ROUTINE. Vous voulez ?

PREMIÈRE MARCHANDE. Je vous en prie...

LA ROUTINE. Madame, c'est pour un pantalon, une redingote et un gilet.

LA MARCHANDE. Monsieur, étiez-vous hier aux Italiens ?

LA ROUTINE. Aux Italiens !... Non, Madame.

LA MARCHANDE. Je le regrette. Le baron de San Doval, un riche banquier espagnol, y portait un costume qui fit une vive impression, même sur ce public aristocratique.

LA ROUTINE. Je vous crois, Madame, mais...

LA MARCHANDE. J'aurais pu vous l'offrir.

LA ROUTINE. Le costume du baron ?

LA MARCHANDE. Il me fut apporté ce matin par son valet de chambre.

LA ROUTINE. Mon Dieu, Madame, je ne suis ni espagnol ni banquier, mais si le costume me va...

LA MARCHANDE. C'est parce que je suis sûre qu'il vous ira, que je vous le propose. Rien qu'à la première inspection, j'ai vu que vous aviez la taille, la grâce, la noblesse du baron.

LA ROUTINE. Madame !

LA MARCHANDE. Il est impossible d'être mieux pris.

LA ROUTINE. Madame !

LA MARCHANDE. D'avoir une tournure plus distinguée.

LA ROUTINE. Madame !

LA MARCHANDE. Oh ! je m'y connais, Monsieur ! (Elle sonne.)

UN DOMESTIQUE, en grande livrée, entrant. Madame a sonné.

LA MARCHANDE. Apportez-moi le costume du baron, 3e étagère de mon second magasin.

LE DOMESTIQUE. Oui, Madame.

LA ROUTINE. A la bonne heure, voilà ce qui s'appelle... je ne sais pas comment ça peut s'appeler, mais c'est crânement bien !

LA MARCHANDE. Si vous voulez essayer le pantalon ?

LA ROUTINE. Devant vous, Madame ?

LA MARCHANDE. Oh ! j'ai mes garçons tailleurs. Mais c'est tout à fait inutile. Vous pouvez acheter les yeux fermés.

LE DOMESTIQUE, rentrant. Voici, Madame.

LA MARCHANDE, présentant le costume. Voyez, Monsieur... c'est tout à fait neuf... une occasion extraordinaire. Voyez quel beau drap ! la France n'en produit pas de semblable !

LA ROUTINE. En effet, ça me paraît très-fort.

LA MARCHANDE. Oh ! je vous garantis que vous pouvez tirer dessus.

LA ROUTINE. Ça se voit. (Tirant sur le pantalon.) Voilà une étoffe solide. (Le pantalon se déchire en deux.) Oh !

LA MARCHANDE. Qu'avez-vous fait, monsieur ?

LA ROUTINE. Mais c'est de la pelure d'oignon !

LA MARCHANDE. Vous avez déchiré ce pantalon.

LA ROUTINE. Il s'est bien déchiré tout seul !

LA MARCHANDE. Vous le payerez, monsieur !

LA ROUTINE. Jamais de la vie !

LA MARCHANDE, changeant de ton. Dis donc, espèce de cornichon, est-ce que tu crois bibeloter ici tes frusques à mes dépens ? Voyez donc ce crétin qui fait son milord avec son *montant*, sa *pelure*, sa *limace*, sa *niole*, sou *décrochez-moi ça ! Nib de braise ! Nisco boursicoto !* C'est gueux comme Job ! et ça fait son homme du monde ! Vieux panas !

LA ROUTINE. Pinbiberlobinet !

LA MARCHANDE, aux autres marchandes. Eh ! dis donc, madame Thomas... dis donc, la Thérèse ! voyez-vous ce nez de carton... En v'là un sans l'sou ! Ça veut des habits espagnols, et c'est fichu comme l'as de pique.

LA ROUTINE. Oh !

TOUTES LES MARCHANDES.

Air : *de Victor Chéri.*

Va donc,
Vieux croûton,
Vieux potiron,
Vieux cornichon !
Va donc,
Vieux borné,
Vieux pané,
Ici tout est donné,
Vieux débiné.

(Toutes poursuivent la Routine qui se sauve. Le Progrès sort en riant. Le théâtre change.)

## TREIZIÈME TABLEAU

### CHEZ L'AN 1865

Un décor fantastique. Nuages, étoiles, télescopes, almanachs. Au ciel, la balance, le signe du zodiaque indiquant le mois de septembre. Une coquette guérite à droite.

—

### SCÈNE PREMIÈRE.

LE MOIS D'AOUT, puis JANVIER, puis FÉVRIER.

AOUT, montant la garde près de la guérite et marchant à grands pas. C'est trop fort ! Voyez un peu si ce galopin de mois de Septembre reviendra. Me faire faire une faction de soixante et un jours, à moi, le mois d'Août : et tous les télescopes braqués sur moi, tous les mortels que j'aperçois le nez en l'air, est-ce que je sais ce qu'ils me veulent ? Est-ce que j'entends ce qu'ils me demandent ?

JANVIER, en dehors. Mois d'Août ! mois d'Août !

AOUT. Le mois de Janvier ; que me veut-il ?

JANVIER, accourant. Mais à quoi penses-tu donc, malheureux ? N'entends-tu pas les cris de la populace qui t'injurie, qui te demande des soirées fraîches et de la pluie ?

AOUT. Est-ce que j'ai de la pluie, moi ? Est-ce que le mois d'Août est fait pour pleuvoir ?...

JANVIER. Mais puisque tu remplaces Septembre qui a disparu.

AOUT. Un mois manquer sa faction ! Quel exemple pour la garde nationale. •

FÉVRIER, en dehors. Mois d'Août ! mois d'Août !

AOUT. Qu'est-ce encore ?

JANVIER. Et c'est le mois de Février !

FÉVRIER, accourant. Moi-même. Et je viens t'avertir que les marchands de parapluies, les marchands de bois, les marchands de marrons et les directeurs de spectacles se revoltent.

JANVIER. Tu le vois, tout le monde se plaint.

AOUT. Et que m'importe à moi, je suis le mois d'Août, j'ai dans mes attributions la canicule, les bains froids et le siroco ; on me fait remplacer le mois de Septembre ; et je redonne aux mortels ma canicule, mon siroco et mes bains froids !

L'AN 1865, au dehors. Fichez-moi la paix ! Laissez-moi tranquille ! Allez vous faire lanlaire !

FÉVRIER. Notre chef de file ! L'An 1865.

JANVIER. Gare sa mauvaise humeur.

### SCÈNE II.

LES MÊMES, L'AN 1865.

L'AN 1865, entrant, couvert de pétitions. Non, c'est à n'y pas tenir ! C'est à remettre sa démission entre les mains du soleil ; c'est à renoncer à tout, pour se faire directeur du théâtre Saint-Germain !

JANVIER. Qu'est-ce donc encore ?

L'AN 1865. Ce qu'on m'agonise... Non... ce n'est rien de le dire : c'est à qui déposera sa petite plainte contre moi au Bureau des longitudes... Si j'étais un simple mortel, j'en aurais au moins pour cent cinquante ans de prison !

FÉVRIER. Ce sont les Parisiens qui se plaignent, n'est-ce pas ?

L'AN 1865. Dis qu'ils geignent, et, intérieurement, je suis forcé de reconnaître que, pour la première fois de leur vie, ils geignent avec raison ! Leur flanquer le mois d'août à la place du mois de septembre... Comme plaisanterie cosmographique... elle est raide ! Allons, elle est raide !

AOUT. Dame ! à qui la faute ?

L'AN 1865. A Septembre, parbleu ! A ce saltimbanque-là !

AOUT. De là ma double faction !

L'AN 1865. Et ces six cent mille plaintes qui me feront tourner en bourrique... si ça n'est pas déjà fait !...

FÉVRIER. C'est fait !

L'AN 1865. Je l'aurais parié !

JANVIER. Mais enfin, que disent-elles, ces plaintes ?

L'AN 1865. Oh ! tenez ! prenez au hasard... c'est toujours le même refrain !

AIR : *On n' doit plus renouveler* (Hervé).

Qu'il fait chaud ! C'est trop chaud !
La canicule
Me brûle.
Qu'il fait chaud ! C'est trop chaud !
Faut du soleil, pas trop n'en faut !

JANVIER, montrant ce qu'il lisait.

Cette année, on le certifie,
A Paris, par un temps si beau,
Deux déluges tombaient dans l'eau,
Et ça faute de pluie.

TOUS.

Qu'il fait chaud, etc.

FÉVRIER.

En chantant d'un air intrépide
Jeanne d'Arc disait à Dunois :
Qui d' nous deux a plus l'air d'une oi'
Devant la salle vide.

TOUS.

Qu'il fait chaud ! etc.

AOUT.

Une cantatrice adorée
Veut, dans un café de nos jours,
Pour chanter *la Gardeuse d'ours*,
Mille francs par soirée !

TOUS.

C'est trop chaud ! etc.

L'AN 1865.

Paul veut causer avec Palmyre
Un rendez-vous est obtenu.
Mais, hélas ! au moment venu
La belle a su lui dire :

(Parlé.) Avec modestie...

TOUS.

C'est trop chaud ! etc.

L'AN 1865. Assez ! Nous sommes-là à faire des potins... et je ne vois pas même revenir les mois que j'ai envoyés à la recherche de Septembre. Si, sur douze mois, j'en avais neuf de perdus... j'en serais pour mes neuf mois.

FÉVRIER. Rassurez-vous ! j'aperçois Mars, Mai et Avril !

L'AN 1865. Enfin !

## SCÈNE III.

LES MÊMES, MARS, MAI, AVRIL.

ENSEMBLE.

AIR : *des Chevaliers du Pince-Nez.*

Nous ne le trouvons pas
De le chercher, nous sommes las !
Tous, nous avons, hélas !
Perdu la trace de ses pas !

L'AN 1865. Comment, vous ne l'avez pas aperçu, ce polisson ?

MARS. Non, maître ; je l'ai cherché partout où le mois de Mars a ses entrées naturelles : dans les casernes, dans les brasseries... et rien !

L'AN 1865. Et toi, Mai ?

MAI. Moi, seigneur... J'ai parcouru la campagne, fouillant chaque buisson, écartant chaque gerbe de blé... m'adressant à tous les gardes champêtres... et rien non plus. Je suis revenu à Paris. J'ai visité tous les boudoirs roses et bleus... J'ai fait tout le quartier Notre-Dame-de-Lorette... et une grande partie du boulevard Malesherbes...

L'AN 1865. Le boulevard Malesherbes ! A propos, où en est-il ?

MAI. Il est terminé. C'est superbe. Ce bou-

levard est aujourd'hui l'objet de toutes les louanges.

L'AN 1865. Ah ! on le loue !

MAI. Certainement !

AIR : *du Piège.*

On a loué ses superbes terrains,
On a loué cette grande entreprise,
On a loué ses merveilleux jardins,
On a loué sa belle église.
On a loué ses montagnes qu'on a
Pour l'aplanir, adroitement trouées.

L'AN 1865.

Je ne vois plus, après ce qu'on loua,
Que ses maisons que l'on n'a pas louées !

Et toi, Avril ?

AVRIL. Moi, maître ; j'ai ouvert tous les œufs de Pâques de ma connaissance... On les fait si grands aujourd'hui qu'il pouvait s'y être caché ; mais non !

L'AN 1865. Ça devient pharamineux ! Ça tourne à la gaudriole ! Mais, où est-il, alors ? S'il n'est nulle part, où peut-il être ?

JANVIER, qui a regardé au fond. Maître, voici le restant du calendrier !

L'AN 1865. Le ramènent-ils ?

JANVIER. Hélas ! non ! Ils sont seuls !

L'AN 1865, s'asseyant affaissé. C'est à donner sa place dans la postérité pour quarante sous en monnaie suisse !

## SCÈNE IV.

LES MÊMES, JUIN, JUILLET, NOVEMBRE, DECEMBRE.

ENSEMBLE.

AIR : *A Leucade, les gêneurs* (Offenbach).

De Janvier jusqu'à Décembre,
Nous cherchons tous au hasard,
Et le gai mois de Septembre
N'apparaît donc nulle part !

(A peine ce chœur est-il terminé, qu'un coup de tam-tam se fait entendre, et que les Balances, qui dominaient au fond, disparaissent pour faire place au Scorpion.)

L'AN 1865. Allons, il n'y a pas à dire : c'est fini ! Le mois d'août aura duré tout le mois de septembre !

NOVEMBRE. Ça fait que nous aurons eu une année de onze mois.

JUIN. Dont un bissé.

L'AN 1865. Qu'on relève le mois d'Août... non, de septembre... Non, je disais bien... Qu'on relève le factionnaire !

AOUT. Ouf ! ma foi, ce n'est pas de refus !

L'AN 1865. Eh bien ! voyons ! se dépêche-t-on ? Où est Octobre ?

AVRIL. Il n'y est pas.

L'AN 1865. Comment, il n'y est pas ?

FÉVRIER. Parti... comme septembre.

L'AN 1865. C'est la Grande-Ourse qui me tombe sur la tête ! Mais, sapristi ! le monde s'arrête. L'anarchie commence ! Vite, Août, vite, remonte là.

AOUT. Encore ! Ah ! ma foi, non ! je ne veux pas être un mois de quatre-vingt-dix jours !

L'AN 1865. Mais, malheureux ! La machine va se détraquer ! A cette guérite, tout de suite !

ENSEMBLE.

AIR : *Galop de Geneviève de Brabant.*

Ah ! la sombre histoire !
Vraiment c'est affreux !
Oui, c'est scandaleux !
Affreux ! odieux !
Quel événement !
C'est effrayant !
Flétrir la mémoire
D'un an si bien fait,
D'un an si coquet,
D'un an si parfait.
C'est un forfait !
Oui, c'est un forfait.

SEPTEMBRE, en dehors. Par ici ! par ici !...

JANVIER. Ah ! cette voix !

FÉVRIER. Mais, je la reconnais, c'est celle de septembre !

L'AN 1865. La sienne !

MAI. Mais oui ! C'est bien lui ! et il n'est pas seul ! Il ramène Octobre !

TOUS, avec joie. Ah !

L'AN 1865. Enfin ! En rang, messieurs ! il va se passer des choses terribles ! Je mets mes gants !

## SCÈNE V.

LES MÊMES, SEPTEMBRE et OCTOBRE.

SEPTEMBRE. Ah ! tu me suivras.

OCTOBRE. Laisse-moi donc.

SEPTEMBRE. Seigneur ! félicitez-moi ! je vous ramène ce flâneur d'octobre, que j'ai rencontré à l'exposition des Beaux-Arts appliqués à l'industrie !

OCTOBRE. Oui, je regardais les cuisines du roi Dagobert.

SEPTEMBRE. Et grâce à mon énergie !...

L'AN 1865. Ah ! il faut te féliciter ! Ah ! tu te sers de ce stratagème pour essayer de m'en faire voir... Ah ! tu emploies un truc... Eh bien ! oui ! je vais te féliciter ! Octobre, allez prendre votre poste tout de suite. Nous nous expliquerons après. (Octobre obéit.)

L'AN 1865, à septembre. Et toi, petit misérable ! réponds ! D'où viens-tu ?

SEPTEMBRE. Je viens du Sport.

L'AN 1865. Plaît-il !

SEPTEMBRE. J'ai passé trente jours sur le turf !

L'AN 1865. Sur le...

SEPTEMBRE. J'arrive du Derby, de Dublin, de Cambridge, de Chantilly, de la Marche et du bois de Boulogne !

L'AN 1865. Et qu'allais-tu faire dans tous ces endroits que j'ignore ?

SEPTEMBRE. Assister aux triomphes de *Gladiateur*.

L'AN 1865. Qu'est-ce que c'est que ça ?

SEPTEMBRE. Ça ! (Lui donnant un portrait.) Voilà ce que c'est.

L'AN 1865. Le portrait d'un cheval !

SEPTEMBRE. Tiré à des millions de milliards d'exemplaires ! On a dit qu'il avait de fausses dents, ça n'est pas vrai !

L'AN 1865. Comment, c'est pour savoir si un cheval a de fausses dents que...

SEPTEMBRE. Un cheval ! *Gladiateur !* un cheval ! Blasphémateur ! C'est un prodige ! une merveille ! le roi de la saison !

L'AN 1865. J'ai un cheval dans mes saisons !

SEPTEMBRE.

AIR *de M' Victor Chéri.*

Hop ! hop ! hop ! hop !
Au signal il s'élance,
Et malgré la distance,
Il franchit d'un saut,
Barrières
Et rivières
Au galop.
Hop ! hop ! hop ! hop !
Comme un éclair il passe.
Son galop dans l'espace
N'est jamais ralenti.
Et sa force est si vive,
Que parfois il arrive
Avant d'être parti.

Vainement l'Anglais déblatère,
Sans se laisser battre jamais,
Gladiateur, en Angleterre,
Triomphe des chevaux anglais !
Vive la guerre
Des animaux,
Laissons la faire
A nos chevaux !

REPRISE, par tout le monde en imitant le galop d'un cheval.

Hop ! hop ! hop ! hop !
Au signal il s'élance,
Et malgré la distance,
Il franchit d'un saut, etc.

L'AN 1865. Allons! voilà que je galope aussi, moi! (Furieux.) Comment, animal, brute, c'est pour voir courir un cheval que tu me fais agonir par toute une population! Comment, fichue bête, c'est pour une autre bête que tu manques ton entrée dans le zodiaque!

SEPTEMBRE. Ah! le zodiaque! Il m'embête.

L'AN 1865. Qu'entends-je?

LES AUTRES MOIS. Oui, oui, il nous embête.

L'AN 1865. Une mutinerie.

SEPTEMBRE.

AIR : *Je suis Français, mon pays avant tout.*

C'est trop longtemps jouer le même rôle,
C'est trop monter les mêmes factions.
Embrouillons tout, cela sera plus drôle,
Oui, mes amis, mes frères, embrouillons!
Les jours, les nuits, les mois et les saisons!
Brûlons la terre et tarissons les ondes,
Du genre humain, dispersons le troupeau.
C'est du chaos que sortent tous les mondes,
Brisons l'ancien pour en faire un nouveau.

LES AUTRES MOIS.

C'est du chaos que sortent tous les mondes,
Brisons l'ancien pour en faire un nouveau!
Nous voulons faire un monde nouveau. (bis.)

L'AN 1865, resté seul et prenant la faction.

AIR : *de la Favorite.*

Je reste seul..., une, deux, trois, quatre! avec
[mon *Gladiateur.*
(Le théâtre change.)

------

## QUATORZIÈME TABLEAU

### LA LIBRAIRIE POUR DAMES

Une boutique de libraire.

—

## SCÈNE PREMIÈRE.

### LE LIBRAIRE, DIVERS COMMIS.

LE LIBRAIRE. Non, messieurs, non le mérite d'un livre n'est pas dans ce qu'il renferme, il est dans le nom de son auteur. Le premier soin d'un libraire intelligent est de n'éditer que des ouvrages qui se vendent et d'en avoir pour tous les goûts. Ainsi, par exemple, aux vieillards, il faut des livres plus épicés qu'aux jeunes gens... à une femme mariée, des histoires de jeunes filles, à une jeune fille, des histoires de femmes mariées... A un jeune homme... (Voyant entrer la Routine.) Un client, attention, messieurs!

## SCÈNE II.

### LES MÊMES, LA ROUTINE.

LE LIBRAIRE. Monsieur désire?

LA ROUTINE. Auriez-vous, monsieur, *les Houilleurs de Polignies!*

LE LIBRAIRE. Les Houilleurs!

LA ROUTINE. Oui, je ne sais pas ce que c'est, et c'est pour ça que...

LE LIBRAIRE. Est-ce l'ouvrage d'une dame?

LA ROUTINE. Si les Houilleurs sont... je ne sais pas... Oh! non, je me souviens... c'est d'un monsieur...

LE LIBRAIRE. En ce cas, monsieur, vous ne trouverez pas cela ici... je n'édite que les livres qui sont écrits par des dames... C'est ma spécialité, je suis libraire pour dames...

LA ROUTINE. Il y a donc des dames auteurs?

LE LIBRAIRE. Comment, monsieur, mais ce sont les seuls auteurs qui se vendent aujourd'hui : *Les Mémoires de Réséda,* 20ᵉ édition, *les Mémoires de Mimi Bamboche, les Mémoires d'une Biche anglaise, les Mémoires de Céleste Francastor, les Mémoires...*

LA ROUTINE. Diable! mais voilà des dames qui ne manquent pas de mémoires! Est-ce que c'est avec ces mémoires-là qu'elles payent ceux de leurs fournisseurs?

LE LIBRAIRE. Mais certainement ces dames se vendent beaucoup... elles ont vu tant de choses!

LA ROUTINE. Le fait est que si dans leurs mémoires elles se les rappellent toutes...

LE LIBRAIRE. Nous avons aussi d'autres ouvrages de dames : *Les Harems d'Egypte, le Paria, les Petites Comédies de l'Amour.*

LA ROUTINE. Par une actrice, je crois?

LE LIBRAIRE. Oui, monsieur, il n'est pas étonnant qu'une actrice écrive des petites comédies.

LA ROUTINE. Et surtout *les Petites Comédies de l'Amour.*

LE LIBRAIRE. D'autant qu'il n'y a pas de comédies sans amour.

LA ROUTINE. Et d'amour sans comédie.

LE LIBRAIRE. C'est vrai, monsieur, c'est vrai!

LA ROUTINE. Eh bien, non, à tous ces livres-là j'aurais préféré *les Houilleurs...* Je ne sais pas pourquoi, mais ce superbe titre m'avait pincé... A propos, n'auriez-vous pas quelque chose de gracieux, par exemple : *la Resurrection de Rocambole!* Il n'y est question que de bagne, de marque, d'échafaud, d'assassinats... On dit que c'est pour moraliser les classes pauvres. (Geste négatif du libraire.) Il n'a rien, ce libraire-là!

## SCÈNE III.

### LES MÊMES, PLUSIEURS COURTIERS DE COMMERCE.

PREMIER COURTIER. Le luxe effréné des femmes, par un homme.

DEUXIÈME COURTIER. Réponse à l'auteur du luxe effréné des femmes, par une femme.

TROISIÈME COURTIER. Contre le luxe effréné des femmes, par un homme.

QUATRIÈME COURTIER. A bas le luxe effréné des femmes, par un sans-culotte.

CINQUIÈME COURTIER. En faveur du luxe effréné des femmes, par une femme.

SIXIÈME COURTIER. Vive le luxe effréné des femmes! par une dame du monde.

LA ROUTINE. C'est une avalanche!

LE LIBRAIRE, aux courtiers.

AIR : *Fernand Cortez* (Spontini).

Donnez, donnez, donnez
Ces brochures, je les achète,
Et les garde en cachette
Pour mes abonnés!

LES COURTIERS.

Prenez, prenez, prenez
Ces brochures, on les achète,
Gardez-les en cachette
Pour vos abonnés !

(Le libraire sort d'un côté, les courtiers de l'autre.)

## SCÈNE IV.

LA ROUTINE, seul. Tiens, il emporte! il accapare! Le fait est que c'est singulier... et qu'un livre qui réunirait tout ce qu'on a écrit pour et contre le luxe effréné des femmes, serait un livre curieux! (Ici un coup de tam-tam se fait entendre. Le comptoir disparaît, et à sa place on aperçoit le Progrès appuyé sur un livre gigantesque.)

## SCÈNE V.

### LA ROUTINE, LE PROGRÈS.

LE PROGRÈS. Très-curieux, tu l'as dit.

LA ROUTINE. Tiens! vous revoilà, vous!

LE PROGRÈS. Je rapporte le livre que tu demandes.

LA ROUTINE. Ce petit livre-là?

LE PROGRÈS. Oh! ce n'est qu'un premier volume.

LA ROUTINE. Et il y en a comme ça?

LE PROGRÈS. Dix mille huit cents!

LA ROUTINE. Sac à papier!

LE PROGRÈS. Celui-ci ne contient que l'origine du luxe effréné des femmes.

LA ROUTINE. Est-ce que ça remonte loin?

LE PROGRÈS. Tu peux voir.

LA ROUTINE. Voyons! (Le Progrès ouvre le volume.)

## SCÈNE VI.

### LES MÊMES, ÈVE.

LA ROUTINE, apercevant Ève qui sort du volume. Ah! sapristi! le bel ouvrage.

ÈVE, riant et sortant du livre. Ah! ah! ah! ah!

LA ROUTINE. Mais ce costume... Si c'est du luxe, il n'est pas effréné.

ÈVE. Ils ont encore osé, c'est vraiment trop bouffon! Ah! ah! ah! ah!

LA ROUTINE. Quel est ce personnage?

LE PROGRÈS. Ève, la première femme!

LA ROUTINE. Ah! parbleu! c'est vrai! je vous reconnais! Je vous ai vue à la *Gaîté!*

ÈVE. Pour qui me prenez-vous?

LA ROUTINE. Hein!

LE PROGRÈS. Pour qui la prends-tu?

LA ROUTINE. Dame! je ne sais pas.

ÈVE. Ce n'est pas moi, monsieur, si j'arrivais de la Gaîté je ne rirais pas.

LA ROUTINE. C'est vrai, Ève à la Gaîté n'était pas d'une gaieté folle.

LE PROGRÈS. Celle-ci est plus gracieuse, en même temps plus vraie...

LA ROUTINE. Mais pourquoi rit-elle?

ÈVE. Pourquoi, monsieur? Parce que je viens d'entendre dire que l'on a fait de nouvelles brochures contre le luxe de mes filles! et que toutes les fois que j'entends les hommes attaquer leurs penchants naturels, ça me rappelle ma jeunesse et ça me fait rire.

LA ROUTINE. Bah! Est-ce que déjà de votre temps?

ÈVE. Il n'y avait pas huit jours que nous étions dans le paradis terrestre, Adam me faisait déjà des scènes sur mon luxe effréné, et me parlait de publier une brochure contre moi...

LA ROUTINE. Ah! bah! ce n'était pourtant pas par la toilette que vous péchiez, si j'en crois l'histoire !

ÈVE. Non; mais à cause des fleurs dont je me tressais des couronnes et des guirlandes d'après les conseils que me donnait le serpent.

LA ROUTINE. Ah! oui, cet animal de serpent qui vous a fait mordre à l'arbre de la science !

ÈVE.

AIR : *Vive la brasserie* (Les fruits secs).

(LINDHEIM.)

Toute notre science
Vient de la confiance,
Qu'inspirent aux amours
Nos atours !
La toilette vient toujours,
Toujours à notre secours!

PREMIER COUPLET.

Ève, veux-tu régner sur l'homme,
Me disait le serpent, crois-moi,
Ève, il faut croquer cette pomme,
Et l'homme subira ta loi.

ENSEMBLE.

LE PROGRÈS ET LA ROUTINE.

Oui, toute leur science,
Vient de la confiance,
Qu'inspirent aux amours
Leurs atours!
La toilette vient toujours,
Oui, toujours, à leur secours!

ÈVE.

Toute notre science, etc., etc.

DEUXIÈME COUPLET.

LE PROGRÈS.

Depuis la femme s'est moquée
De son prétendu souverain,
Et la pomme sera croquée,
Hélas ! jusqu'au dernier pépin.

REPRISE.

LE PROGRÈS ET LA ROUTINE.

Oui, toute leur science, etc., etc.

ÈVE.

Toute notre science, etc., etc.

LA ROUTINE. Puis-je me permettre un mot spirituel ?

ÈVE. Comment donc ?

TROISIÈME COUPLET.

LA ROUTINE.

Si par vous la pomme est croquée,
Vous êtes à croquer souvent;
Et l'homme croque la croquée
Et la croquante en vous croquant.

LA ROUTINE. (Parlé.) Elle est de moi, cette bêtise-là !

REPRISE.

LE PROGRÈS, LA ROUTINE.

Oui, toute leur science, etc., etc.

ÈVE.

Toute notre science, etc., etc.

LA ROUTINE. Ainsi, d'après ce que je vois, Adam a été le premier homme et votre premier sermonneur !

ÈVE. Oui, monsieur; et, après lui, tous les autres hommes ! Il n'y a pas un siècle, pas une année même, sans qu'un monsieur se soit réveillé un matin en disant : Tiens, tiens, tiens ! Il me semble que ma femme dépense mal d'argent pour ses robes... Si je lui disais un peu qu'elle est en train de ruiner l'humanité !

LE PROGRÈS. Et de là les six milliards de brochures contre le luxe effréné des femmes !

LA ROUTINE. Il y en a six milliards !

LE PROGRÈS. Je les ai comptés !

ÈVE. Et ça nous a corrigées, faut voir !

LA ROUTINE. Tant pis, alors, car, quoi que vous disiez, les dames d'à-présent....

ÈVE. Ah ! malheureux ! vous allez faire aussi votre petite brochure.

LA ROUTINE. Moi?

ÈVE. Je vous dis que c'est dans le sang. Eh bien, oui. Nous aimons la toilette, mes filles l'adorent, mais à qui la faute ? à vous, messieurs !

LA ROUTINE. Comment?

ÈVE. Écoutez bien : Quand le monde fut créé, l'ange chargé de tout nous donner apporta, pour Adam et pour moi, toutes les qualités humaines : la force, la sagesse, l'intelligence, le courage et l'initiative.... Adam, consulté le premier, en sa qualité d'aîné, prit noblement tout! Que vouliez-vous alors que je fisse? Je pris ce qui restait, et ce qui restait...

LA ROUTINE. C'étaient les défauts!

ÈVE. Vous l'avez dit : Nous sommes les défauts des hommes!

AIR : les Maris ont tort.

Ce sont leurs défauts qu'ils courtisent
Or, pourquoi tant de noirs complots!
Si vous voulez qu'ils vous séduisent,
Messieurs, payez pour vos défauts.
D'ailleurs apprenez en deux mots:
Que nui-es comme nous le sommes,
Nos attraits, au luxe empruntés,
Ont fait que les défauts des hommes
Valent mieux que leurs qualités.
Aujourd'hui, les défauts des hommes
Valent mieux que leurs qualités!

LA ROUTINE. Oh ! Vive-Dieu ! il serait

curieux de pouvoir suivre la filière de tout ce luxe-là !

LE PROGRÈS. Rien de plus facile. Veux-tu suivre le progrès du luxe à travers les âges ?

LA ROUTINE. À travers les âges! Si je le veux, mais cent fois oui !

LE PROGRÈS. Eh bien je vais te transporter.

LA ROUTINE. Où donc?

LE PROGRÈS. Au palais de la mode!

---

## QUINZIÈME TABLEAU

### LE LUXE EFFRÉNÉ DES FEMMES

Le théâtre change et représente le palais de la Mode. La Routine et le Progrès vont se placer aux ailes, et ici commence un cortège conduit par Ève. Elle est suivie de ses filles, depuis la Genèse jusqu'au moyen âge. Puis les femmes du moyen âge défilent avec leurs modes jusqu'aux femmes de la Renaissance, qui défilent avec les leurs, et ainsi de suite pour toutes les époques, en passant par les règnes de Charles IX, Henri IV, Louis XIII et Louis XIV. Ensuite les excentricités du règne de Louis XV, les carmagnoles et les incroyables de la République et du Directoire, les modes de l'Empire, celles de la Restauration, celles de Louis-Philippe et enfin les modes excentriques de nos jours dessinées par Grévin.

---

LE PROGRÈS. Eh bien, qu'en dis-tu?

LA ROUTINE. J'en suis ébloui, ravi, médusé! Dire que ce sont toujours les mêmes femmes, les mêmes histoires, les mêmes passions, et que pourtant....

LE PROGRÈS. Mon Dieu, oui, rien ne change dans la nature, que la mode : on s'habille, on s'exprime, et l'on danse autrement, voilà tout!

LA ROUTINE. Oh! la danse! Un spécimen de la danse à travers les âges, voilà qui doit être curieux !

ÈVE. Veux-tu en juger?

LA ROUTINE. Si je le veux, sac à papier ! Mais trois cents millions de fois oui !

ÈVE. Eh bien, sois satisfait. Allons, mes filles, montrez à monsieur ce que fut la danse à toutes les époques!

BALLET.

(Danses nationales à toutes les époques. La pavane, la gigue, le passe-pied de Louis XIV, la chaconne, la fricassée, la boulangère a des écus, le quadrille des incroyables, la monaco, la valse du duc de Reischtadt, puis l'entrée des cocottes et le cancan moderne. Enfin le cancan de l'avenir, dansé par Clodoche, Flageolet, la Comète et la Normande. Tous les personnages des temps anciens qui, d'abord, avaient détourné les yeux avec dédain, se mêlent avec entrain au cancan final.)

FIN DU TROISIÈME ACTE.

---

# ACTE QUATRIÈME

## SEIZIÈME TABLEAU

### LE VERT-GALANT

Une vue du café-concert le Vert-Galant, situé au terre-plein du Pont-Neuf. A gauche, le théâtre; au fond, le pont avec la statue équestre d'Henri IV tournant le dos au public.

---

## SCÈNE PREMIÈRE.

### LES GARÇONS, LE PROGRÈS.

(Au lever du rideau, les garçons, costumés mi-partie à la Henri IV, mi-partie de nos jours, défilent devant le public.)

CHŒUR.

Air : Vive Henri IV !

Sous Henri quatre,
Près de ce Vert-Galant,
Qui sut combattre,
Ainsi qu'un roi vaillant,
Il vient de s'ébattre
Notre café chantant!

LE PROGRÈS, entrant et portant aussi un costume à la Henri IV.

Air : La bonne Aventure.

Ah ! morbleu ! voilà du neuf,
De la fantaisie,
Le Progrès sous le Pont-Neuf,
Pour la bourgeoisie
Fonde un grand café chantant,
Où plus d'un jeune galant
Conduira sa mie
O gué,
Conduira sa mie !

TOUS.

Conduira sa mie
O gué,
Conduira sa mie!

LE PROGRÈS.

D'Henri quatre nous allons
Honorer la gloire;
De ce grand roi nous voulons
Chanter la mémoire.
Là-haut, sur leur piédestal,
Henri quatre et son cheval
Verront rire et boire
O gué,
Verront rire et boire!

TOUS.

Verront rire et boire
O gué,
Verront rire et boire!

LE PROGRÈS.

Pour flatter ce bon roi-là,
Bon mais peu fidèle,
Nous avons des bocks à la
Belle Gabrielle,
Des chopes à la Sully
Et des grogs à la Henri,
Que l'on renouvelle
O gué,
Que l'on renouvelle !

TOUS.

Que l'on renouvelle, etc.

LE PROGRÈS. Et maintenant ma troupe, où donc est-elle ? (Entre une troupe composée de belles Gabrielles.)

ENSEMBLE.

Air connu.

Charmante Gabrielle,
Prêtez-nous vos attraits.
Vous prenant pour modèle,
Nous croyons au succès.

LE PROGRÈS.

Air : du Pas de Zéphir.

C'est bien,
C'est très-bien,
Sous ce costume ancien,
Frappez les échos
De vos chants rococos :
Exprès
Du progrès
Servez les intérêts,
Faites en ces lieux
Du neuf avec du vieux !
Paris
N'est bien pris
Que lorsqu'il est surpris ;
Nous devons à grands cris
Le surprendre à tout prix.
En tout,
Et partout,
Il faut plaire à son goût :
Un titre c'est beaucoup,
Souvent un titre est tout.

J'ai donc
Pris un nom,
J'ai même pris un    at,
Et surtout le pont
Du succès me répond.
Pourtant,
En chantant,
Ne chevrottez pas tant ;
S'il faut en un mot
Du vieux, pas trop n'en faut.
Guerre à
Thérésa,
Toutes surpassez-la ;
Vous avez pour cela
Les moyens que voilà.
D'abord,
Criez fort,
Les deux bras en dehors,
Ondulez votre corps
De tribord
A babord.
C'est en
Ne chantant,
Qu'en le déconcertant,
Et qu'en le transportant,
Que Paris nous entend.
Allez,
Piulez,
Beuglez si vous voulez,
Et moi le Progrès
Je réponds du succès.

**ENSEMBLE.**

C'est en ne chantant,
Qu'en le déconcertant
Et qu'en le transportant
Que Paris nous entend.
Allons,
Piaulons,
Beuglons si nous voulons,
Puisque le Progrès
Nous répond du succès.

LE PROGRÈS. Allons... allons... ça marche! ...
Si maintenant je peux mettre la main sur une
étoile...

## SCÈNE II.

### LE PROGRÈS, LA ROUTINE.

LA ROUTINE, en peignoir, tenue de bains froids, entrant
par le fond. Peut-on entrer ?
LE PROGRÈS. La Routine !...
LA ROUTINE. Le Progrès !...
LE PROGRÈS. Toi, chez moi !...
LA ROUTINE. Vous... chez vous !...
LE PROGRÈS. Et d'où viens-tu, d'abord ?
LA ROUTINE. Mais, vous le voyez... Ayant
appris que le concert du Vert-Galant se trou-
vait près des bains Henri-Quatre, j'ai pris un
bain avant de prendre une chope.
LE PROGRÈS. Tu viens donc visiter mon
café-concert ?
LA ROUTINE. Comment, il est à vous ?
LE PROGRÈS. Je flatte la folie du moment.
Jadis le cri du peuple romain était : « Du pain
et le Cirque! »
LA ROUTINE. Et aujourd'hui, le cri du
peuple français est : « Une chope et une romance! » Et vous appelez ça du progrès ?
LE PROGRÈS. Pourquoi pas ?.. Ça vaut encore mieux que le billard.
LA ROUTINE. Je ne sais pas.
LE PROGRÈS. Oh! tu as raison, si tu parles
de ces tabagies toujours enfumées, où Paris
va chaque soir humer le mauvais air et boire
de mauvaise bière, pour entendre de mauvaise musique, chantée par des étoiles trop
maigres ou trop grasses.
LA ROUTINE. Sur ce point, nous sommes du
même avis.
LE PROGRÈS. Mais ici, dans mon concert
modèle, rien de tout cela ; de l'air, des ar-
bres, de l'eau surtout... toujours de l'eau.
LA ROUTINE. Jusque dans les consommations.
LE PROGRÈS. Farceur, mes consommations
sont excellentes et ma musique meilleure encore. (On entend une ritournelle.) Et justement...
tiens, écoute.

## SCÈNE III.

### LA ROUTINE, LE PROGRÈS, L'AFRICAINE.
(Ritournelle du chœur d'entrée à l'orchestre.)

LA ROUTINE. Quelle est cette *zouave* mé-
lodie ?
LE PROGRÈS. Elle nous annonce une véritable étoile : *l'Africaine*, du grand Opéra.
LA ROUTINE. Sapristi ! l'Africaine ! et moi
qui n'ai pas ma lorgnette !

CHŒUR d'entrée, chanté par les sauvages qui servent d'escorte
à l'Africaine.

AIR : *Rempart de gaze* (*Africaine*, IV⁰ acte).

Gloire à la reine,
A l'Africaine,
A sa hautaine
Autorité.
Que l'on encense,
Et sa naissance,
Et sa puissance,
Et sa beauté.

L'AFRICAINE, qui est entrée à la suite des sauvages, (Réci-
tatif composé d'airs de Meyerbeer et réunis en pot-pourri.)

J'éprouve un chagrin noir et même un noir chagrin,
Car j'ai deux amoureux, messieurs Faure et Naudin.

LA ROUTINE.

Diable! un amoureux fort...

L'AFRICAINE.

Faut-il que je l'avoue
J'aime mieux l'amour à Naudin,
Et quand mon drame se denoue
De cet amour je dois mourir...
Sous un arbre qui fait dormir.

LA ROUTINE.

Pourquoi ces terribles histoires?

L'AFRICAINE.

Parce que le musicien
Dit qu'une blanche vaut deux noires,
Mais il a tor', croyez le bien.
Mon instrument, je le suppose
Au fond de son succès est bien pour quelque chose.

LE PROGRÈS.

Au fond, dis-tu? Non, cent fois non !
Car Saxe au premier rang se pose.

LA ROUTINE.

Et l'instrument de Saxe, au fond.

L'AFRICAINE.

Vraiment sans me vanter,
En l'éventant je chante,
Et l'on sait bien qu'en chantant
Je l'enchante.
Oui, je l'enchante ! (*ter*.)

AIR : *du Sommeil* (*Africaine*, 2⁰ acte.)

Sur mes genoux, fils du soleil,
Enfant, dors sans malice.
Je veille sur ton doux sommeil,
Ainsi qu'une nourrice.
Dans cette prison,
Ta seule maison,
Tu peux t'enrhumer dans l'ombre,
Et tu vas, hélas!
Sommeil er sans draps...
Heureusement, il fait très-sombre.

Sur mes genoux, fils du soleil,
Enfant, dors sans malice.
Je veille sur ton doux sommeil,
Ainsi qu'une nourrice.

LA ROUTINE.

Bravo! oui, je comprends, bercé comme cela,
Qu'on s'endorme sur cet air-là.

(Ici l'on entend la ritournelle de l'air : *Voici le roi des rois* de
la *Belle Hélène*. — Tous les gens qui s'étaient endormis s'é-
veillent en sursaut.)

L'AFRICAINE, qui est remontée, chantant sur l'air
de la belle Hélène.

Sur cet air qui se permet,
Quand va mourir l'Africaine,
De prendre un air guilleret?..
Grand Dieu ! c'est la belle Hélène!
Belle Hélène!
Belle Hélène!

## SCÈNE IV.



LES MÊMES, LA BELLE HÉLÈNE, suivie de ses
Grecs. Ils entrent en sautillant.

ENSEMBLE.

Place aux Grecs! place à leurs rois,
Inventeurs du jeu de l'oie !
Place aux Grecs, à leurs exploits
Qui mettent les gens en joie.
Gens en joie !
Gens en joie !

LA BELLE HÉLÈNE.

AIR : *Invocation à Vénus*. (OFFENBACH dans la
*Belle-Hélène*.)

C'est moi. Bonjour la compagnie !
J'arrive avec mes airs joyeux,
Et si madame vous ennuie,
J'apporte un chant moins vaporeux.
Sous cette tunique de laine,
Reconnaissez à maint flic-flac,
Reconnaissez la belle Hélène
De monsieur Jacques Offenbach,
Celle qui vient avec son roi barbu
Faire cascader (*bis*) sa vertu.
Celle qui vient avec son roi barbu
Fair' cascader, cascader sa vertu...

AIR : *Jugement de Páris* (*Belle Hélène*).

L'AFRICAINE.

Quoi! vous osez ?

HÉLÈNE.

Oser, me pose.
Mon succès, qui surprend beaucoup,
Je ne le dois qu'à ce que j'ose,
Et la belle Hélène ose tout.
Evohé !...
Vivons en joie,
J'ai bon pied, bon œil, bon bec ;
Par-dessus les moulins de Troie,
En r golbochant avec,
J'ai jeté mon bonnet grec.

L'AFRICAINE.

AIR : *du Roi barbu*. (OFFENBACH.)

C'est une femme impudique,
Femme impudique, (*bis*)
A l'instant je pars.

LE CHOEUR.

Elle nous dit : je pars.

HÉLÈNE.

Eh bien! donc, pars pour l'Afrique,
Pars pour l'Afrique (*bis*),
Quatre cents fois, pars.

LE CHOEUR.

Pars, pars, pars, pars, pars.

HÉLÈNE.

Mais sur ma noble musique
Tu diras : je pars.
Nous partirons en musique,
Rons en musique (*bis*)
Pendant une heure trois quarts.
Va, pars, va, pars, pars, pars, pars.
Pars pour l'Afrique         (7 *fois*).
Ah! c'est charmant,
C'est ravissant,
C'est un succès bien surprenant.

Pars pour l'Afrique, etc., etc.

(Tout le monde se met à pourchasser l'Africaine en répétant sans
cesse : Pars, pars, pendant que la Routine chante sur l'air la
prose suivante.)

LA ROUTINE. Pour de la jolie musique,
voilà de la jolie musique... et pourtant ça ne
doit pas coûter cher de paroles...

LES CHOEURS, allant et revenant.

Pars, pars, pars, pars.
LA ROUTINE, même tenue. Sapristi, mais ça
n'est plus de la musique, c'est une scie. (On
voit virer Henri IV et son cheval. Ils font face au public.)
HENRI IV, se levant sur son cheval, et furieux s'adressant
aux gens en scène. (Même tenue.) Ah çà, là-bas...

Est-ce que vous n'allez pas bientôt en finir avec vos pars... pars... pars... pars... pars?..

LE PROGRÈS. Tiens! jusqu'au Vert-Galant qui s'en mêle!

LA ROUTINE, même tenue. Tiens! ça vous ennuie aussi, vous?

HENRI IV. Ventre saint-gris! ça m'ennuie tellement que je descends... descends... descends! (Il descend de cheval.)

LA ROUTINE. Ah bien, c'est ça, venez! nous nous en irons ensemble... Ah! sapristi!... les revoilà.

LES CHŒURS, pourchassant toujours l'Africaine.

Pars, pars, pars.

Henri IV, furieux, bat la mesure, et son cheval se met à chanter l'ensemble.)

ENSEMBLE FORMIDABLE.

Pars! pars! pars!
Rien ne nous arrête!
Gare à la tempête!
Crions et beuglons jusqu'après demain,
Oui, vociférons jusqu'au mois prochain.

(Le théâtre change.)

## DIX-SEPTIÈME TABLEAU

### LA REVUE DES THÉÂTRES

Une partie du boulevard Saint-Martin. Vue prise entre le théâtre et Deffieux. Le tout face au public Au milieu, l'allée où se tient, abrité par un paravent et éclairé par une petite lampe, le chef des marchands de billets du théâtre de la Porte-Saint-Martin. C'est le soir.

## SCÈNE PREMIÈRE.

PROMENEURS, PROMENEUSES, UN TITI, LE CHEF DES MARCHANDS DE BILLETS, dans son allée, MARCHAND DE COCO, UNE MARCHANDE D'ORANGES, ensuite LA ROUTINE.

CHŒUR.

Air : de la Gallégada.

Oui, nous avons gaîment pour coutume,
Que le ciel soit brillant ou bien gris,
De fouler chaque soir le bitume
De tous les boulevards de Paris.

LE MARCHAND DE COCO. A la fraîche! qui veut boire!

LA MARCHANDE D'ORANGES. Belles oranges! belle valence!

LA ROUTINE, entrant suivi du Titi, qui lui offre une allumette.

LE TITI. Du feu, là, mon bourgeois, allumettes moins cher qu'à la régie!

LA ROUTINE. Merci, je ne fume jamais! Je cherche quelqu'un... Où diable est passé le Progrès? il devait me mener voir les théâtres, et...

PREMIER MARCHAND DE BILLETS. Un stalle là, bourgeois, moins cher qu'au bureau.

LA ROUTINE. S'il vous plaît?...

PREMIER MARCHAND DE BILLETS. Un stalle pour la Biche au bois, moins cher que chez le buraliste.

LA ROUTINE. Ah! la Biche au bois... oui. Je ne serais pas fâché! Ah! vous tenez des stalles... Combien la stalle?

PREMIER MARCHAND. Venez par ici.

LA ROUTINE. Où ça.

PREMIER MARCHAND. Venez donc... les sergents de ville nous regardent.

LA ROUTINE. Ah! les sergents de ville nous regardent.

PREMIER MARCHAND. C'est un balcon que monsieur veut.

LA ROUTINE. Non... j'aimerais mieux l'orchestre. On m'a parlé de petites danseuses que... J'ai besoin de voir ça de près... je voyage pour mon plaisir...

PREMIER MARCHAND. Bon... Ne bougez pas de là, je vais vous envoyer le préposé aux orchestres : ne bougez pas. (Il tire de sa poche un morceau de craie et marque la Routine dans le dos. Puis il s'éloigne et va parler au deuxième marchand de billets.)

LA ROUTINE. Qu'est-ce qu'il m'a donc fait dans le dos?

LE DEUXIÈME MARCHAND, très-commun, s'approchant de la Routine.) C'est monsieur qui veut un orchestre pour la Biche?

LA ROUTINE. Oui, monsieur, c'est moi qui... (A part.) Ils sont très-distingués.

DEUXIÈME MARCHAND. Venez par ici.

LA ROUTINE. Ah ça, qu'est-ce qu'ils ont donc à me faire voyager comme ça?..

DEUXIÈME MARCHAND. N'ayez pas l'air.... Les sergents de ville nous regardent.

LA ROUTINE. Mais qu'est-ce que ça me fait, qu'ils nous regardent? ils commencent à m'ennuyer, ces hommes du monde.

DEUXIÈME MARCHAND. Un stalle.

LA ROUTINE. Non, un fauteuil, mes moyens me le permettent.

DEUXIÈME MARCHAND. Je vais vous envoyer le chef, c'est lui qui tient les fauteuils. Ne bronchez pas. (Il lui fait également une raie dans le dos, puis va parler au chef des marchands de billets.)

LA ROUTINE. Pourquoi donc qu'ils me grattent dans le dos comme ça?

LE CHEF. Où est-il, ce monsieur?.. Où est le monsieur qui est marqué dans le dos?

LA ROUTINE. Il y a un monsieur marqué dans le dos! (Il se retourne, et montre son dos marqué de deux raies blanches.)

LE CHEF, apercevant la Routine. Ah! (Allant à la Routine.) Monsieur veut un fauteuil d'orchestre?

LA ROUTINE. Oui, monsieur, j'ai cette folle ambition... elle est peut-être déplacée, mais... (Il veut prendre une prise dans la tabatière du chef, qui le repousse.)

LE CHEF. Pardon, pas de familiarités, s'il vous plaît.

LA ROUTINE. Ah!...

LE CHEF. C'est douze francs.

LA ROUTINE. Quoi?

LE CHEF. Le fauteuil.

LA ROUTINE. Douze francs... mais c'est six francs au bureau...

LE CHEF. Eh bien, après!

LA ROUTINE. Pourquoi dites-vous moins cher qu'au bureau, alors?...

LE CHEF. Mais nous ne disons pas à quel bureau Ah!

LA ROUTINE. C'est juste... C'est peut-être celui de la Banque de France... J'en donne cent sous.

LE CHEF. Monsieur, cette plaisanterie...

LA ROUTINE. Cinq francs... et un coup de brosse par-dessus le marché....

LE CHEF. Écoutez... c'est bien parce que c'est vous... mais à une condition : Si vous vous ennuyez au dernier acte, vous ne vendrez votre contre-marque qu'à Joseph.

LA ROUTINE. C'est entendu... j'appellerai Joseph.

LE CHEF. Permettez! (Il lui fait une raie dans le dos.)

LA ROUTINE. Qu'est-ce que vous faites donc?

LE CHEF. Je vous marque pour la contre-marque.

LA ROUTINE. Ah! mais c'est donc une manie?

LE CHEF. Voilà votre fauteuil d'orchestre.

LA ROUTINE. Et voilà vos cinq francs.

LE CHEF, saluant et sortant. Monsieur...

LA ROUTINE. Monsieur... Et maintenant, tout à la Biche au Bois.

## SCÈNE II.

### LA ROUTINE, LA BICHE AU BOIS.

LA BICHE, entrant. La Biche au Bois, présente!

Air : le Joueur de flûte (Hervé).

C'est moi, monsieur, je suis la Biche
Que depuis un an on affiche.
Je fuis le public qui m'attend :
Pour me promener un instant,
Je viens d'éloigner la foule.
Vois, elle s'écoule,
Et je puis faire à l'écart
Un tour de boulevard.
Tra la la la, d'zing boum! boum!

LA ROUTINE. Comment, c'est la Biche au Bois, ça!

LA BICHE. Oui, monsieur, la Biche au Bois, troisième prince Souci.

LA ROUTINE. Troisième prince quoi?

LA BICHE. Souci!... Vous ne comprenez pas. C'est un truc à moi.

LA ROUTINE. Ah! vous avez des trucs?

LA BICHE. Non, monsieur. La *Biche au Bois* est une féerie sans trucs; mais j'en ai d'invisibles, pour conserver ma vogue. Ainsi, par exemple : quand je vois que ma recette va diminuer, au lieu de faire changer un arbre en maison ou un arbre en guérite, je change de prince Souci.

LA ROUTINE. Mais qu'est-ce que c'est que le prince Souci?

LA BICHE. C'est le principal personnage de ma pièce, le grand intérêt de l'ouvrage.

LA ROUTINE. Alors, vous changez d'intérêt.

LA BICHE. Complétement. Dans le principe, j'avais emprunté mon prince Souci aux Variétés; au bout de cent représentations, mes recettes baissent : je renvoie mon prince Souci aux Variétés, et j'en prends un autre au Palais-Royal.

LA ROUTINE. Vos recettes augmentent!

LA BICHE. Au bout de cent représentations, elles rebaissent.

LA ROUTINE. Vous rechangez de prince Souci.

LA BICHE. Oui, et j'en prends un troisième à l'Opéra-Comique : seulement, au lieu d'un homme, je prends une femme.

LA ROUTINE. Ah!... Maintenant, c'est une princesse Souci.

LA BICHE. Non; j'ai changé l'homme en femme, mais de la femme j'ai fait un homme.

LA ROUTINE. Quel galimatias.

LA BICHE. Dans cent représentations, je reprendrai un homme...

LA ROUTINE. Dont vous ferez une femme.

LA BICHE. Je ne sais pas encore ce que j'en ferai; mais j'en ferai quelque chose de curieux.

LA ROUTINE. C'est très-curieux, ça.

LA BICHE. N'est-ce pas?... Oh! mais ce n'est pas mon seul truc. Jusqu'à ce jour, on n'avait mis dans les pièces qu'un ou deux ballets, qu'un ou deux cortéges; moi, j'ai fourré dans la mienne un cortège de princes et de princesses au premier acte; le cortége des clochettes au second; le cortége des poissons et le cortége des légumes au troisième; le cortège de la reine Aïka au quatrième, et au cinquième le cortège des sirènes. De plus, un ballet de poissons, un ballet de villageois, un ballet de légumes, un ballet de bayadères, et un ballet des guerrières d'Aïka; en tout, cinq ballets et six cortéges!

LA ROUTINE. Pimbiberlobinet!

LA BICHE. Et dans ma prochaine pièce qui sera de Molière, je supprimerai tout le dialogue, pour le remplacer par dix ballets et quinze cortéges.

LA ROUTINE. Ah! voilà qui sera bien fait pour Molière.

LA BICHE.

Air : des Bavards (Offenbach).

Toute la littérature
De la Porte-Saint-Martin,
Nous la voulons en peinture,
En costume de satin;
Aujourd'hui Ruy-Blas danserait,
Et Buridan cancanerait,

En face de Lucrèce,
En petite maîtresse.
Au moyen d'une ficelle,
Mon grand machiniste à moi,
Changerait la Tour de Nesle
En bal, en n'importe quoi.
        Oui-da (*bis*)
        Ah! ah! ah! ah!
Aujourd'hui ça se voit partout,
        L'argent est tout,
        On dépense beaucoup,
L'argent, l'argent est tout,
        On dépense beaucoup,
Et les succès ne sont plus francs
S'ils n'ont coûté cent mille francs.

Maintenant, si tu veux juger de mes merveilles?..

LA ROUTINE. Non, non... je vous avoue que des cortéges et des ballets, je sors d'en prendre : ce que je voudrais bien voir, c'est le Grand-Théâtre-Parisien.

LA BICHE. Je vais te le montrer.

LA ROUTINE. Je me suis laissé dire qu'à ce théâtre les places sont d'un bon marché : 1 franc les premières, 50 centimes les secondes, 25 centimes les... Eh bien! qu'est-ce que c'est que cela?

LE MONSIEUR, qui entre et lui présente un fauteuil. Un grand confortable.

LA ROUTINE. Ah! oui, c'est juste : au Théâtre-Parisien, ils ont de grands confortables. (Après de grands efforts pour entrer dans le fauteuil, et grâce à l'aide du monsieur, il s'assolt.) Ah! c'est très-douillet!

LE MONSIEUR. C'est trois francs!

LA ROUTINE. Douillet, mais salé! Bah! pour mon grand confortable... (Payant.) Voilà. (Le monsieur salue et sort. La Routine veut se lever, il emporte le fauteuil.)

LA BICHE. Quelle pièce du Grand-Théâtre-Parisien veux-tu voir?

LA ROUTINE. La pièce d'ouverture, parce que la pièce nouvelle d'un nouveau théâtre ça doit être nouveau.

LA BICHE. A moi, la duchesse de Valbreuse!

### SCÈNE III.

Les Mêmes, LA DUCHESSE DE VALBREUSE. (Costume de l'empire.)

LA DUCHESSE, entrant. O supplice de l'enfer!... jeu cruel d'une destinée maudite... Malgré mon innocence... accusée par les hommes... (Ici bruit de trompe.)

LA ROUTINE. Qu'est-ce que c'est que ça?

LA DUCHESSE. Ne faites pas attention, c'est le cantonnier du chemin de fer de Vincennes qui annonce le train.

LA ROUTINE. Ah! bon, continuez!...

LA DUCHESSE, reprenant. Accusée par les hommes!... agonie par les femmes!... Je passe dans un humide cachot des jours désespérés... Victime de trompeuses apparences... je me vois en butte au mépris et à l'outrage... (Ici un bruit épouvantable se fait entendre.)

LA ROUTINE, se levant en sursaut. Sapristi! Qu'est-ce que c'est que ça?

LA DUCHESSE. Ne faites pas attention... c'est le train de neuf heures qui passe.

LA ROUTINE. Ah! bon, continuez!

LA DUCHESSE. Au mépris... à l'outrage de ceux-là même que je... (Ici, bruit d'une cloche de chemin de fer.)

LA ROUTINE. Encore!

LA DUCHESSE. Ne faites pas attention, c'est le train qui arrive en gare.

LA ROUTINE. Ah! bon, continuez.

LE PROGRÈS. Non, ne continuez pas...

#### AIR de *Lauzun.*

Dans ce faubourg, ne coûtant pas trop cher,
Oui, ce théâtre est utile, agréable,
Et je ne vois que le chemin de fer
Qui soit un danger véritable.

La locomotive, en marchant,
Siffle lorsque le train arrive,
Et l'on peut voir le public partageant
L'avis de la locomotive.
Il peut partager trop souvent
L'avis de la locomotive.

LA DUCHESSE, s'éloignant. Et voilà ma destinée!... Sans cesse en butte aux insultes... aux critiques... aux railleries! et toujours ce silence... (Ici, nouveau son de trompe de chemin de fer.)

LA ROUTINE. Elle appelle ça du silence... Mais ventre de biche, depuis deux ans que nous jouissons de la liberté des théâtres... on a dû en construire de nouveaux.

### SCÈNE IV.

Les Mêmes, DODOLPHE.

DODOLPHE, en costume de peintre en bâtiment. Des nouveaux théâtres... ah! je crois bien qu'on en a construit... et de chouettes!... D'abord, après le Grand-Théâtre, on a construit le Petit-Théâtre, un amour de boui-boui... ousqu'y faut déranger le contrôleur pour entrer dans la salle. Figurez-vous, monsieur, qu'au Petit-Théâtre, c'est comme dans la province autrefois, le public se tient debout au parterre, sous le prétexte fallacieux qu'il n'y a pas de banquettes pour s'asseoir.

LA ROUTINE. On pourrait choisir un prétexte plus frivole.

DODOLPHE. Oui, monsieur, une supposition que vous êtes en retard et que vous arrivez que la salle est pleine. — Y a-t-il encore de la place, que vous demandez? — Oui, monsieur, dit le contrôleur en se levant pour vous laisser passer... Vous qui êtes sans méfiance, vous ouvrez la porte... et v'lan, v'là tous les spectateurs qui s'appuyaient dessus qui tombent sur vous. — Mais sapristi, que vous dites, il n'y a plus de place. — Plus de place, que répète le contrôleur... Et alors vous vous sentez entraîné par la porte, qui se referme, poussée par trois employés qui s'appuient dessus, et vous vous trouvez, sans savoir comment, aplati dans le public jusqu'au moment où, une autre personne ouvre la porte et que vous tombiez sur elle comme on a tombé sur vous.

LE PROGRÈS. Tiens, mais c'est très-nouveau, cela.

DODOLPHE. Oh! mais ce théâtre n'est pas le seul... nous avons encore le théâtre Saint-Germain. Oh! à celui-là, les spectateurs ne tombent pas les uns sur les autres.

LA ROUTINE. Ils sont à leur aise.

DODOLPHE. Je ne vous dirai pas qu'ils ont tous vingt mille livres de rentes ; mais pour de la place... c'est pas ça qui leur manque...

LE PROGRÈS. Mais j'y pense... et le nouveau théâtre du Cirque.

DODOLPHE. On le rebâtit du côté du boulevard, parce que lorsqu'il est bâti d'un côté... y s'démolit toujours de l'autre; quand il sera bâti du côté du boulevard, y s'démolira du côté du canal, et toujours comme ça...

LA ROUTINE. Ça pourra retarder son ouverture.

DODOLPHE. Oh! pour des ouvertures, il n'en manque pas!

LE PROGRÈS. Enfin! est-ce là tous les théâtres nouveaux?

DODOLPHE. Oh! que non pas!

AIR : *Rions, buvons, chantons* (HERVÉ).

Sus l'boulevard des Italiens
On vient d'ouvrir, pour nos'étrennes,
Les Fantaisi's-Parisiennes
Aux fantaisistes parisiens.
Ce théâtre magnifique
Est grand comme une boutique,
Et d'leur plac'les spectateurs
Peuv'nt donner la main aux acteurs!

Le théâtre Scribe devait
Être ouvert le premier juillet.
Mais, hélas! les mois se passent
Et rien encor n'apparaît.
Des Délass'ments, sur le boulevard,
La réouverture' est en r'tard,
En attendant qu'ils délassent
Faut s'délasser autre part!
        Nom d'un nom,
        Quel est donc
        Ce guignon?

Mais on vient d'ouvrir enfin
Le théâtre de la Villette,
N'allez pas vous mettre en tête
Qu'c'est un théâtre de pantin.
C'est une salle coquette,
Et j'suis sûr qu'à la Villette
Le public pour rigoler
Éprouve l'besoin d'aller.
Là, pas d'manièr's aristotes,
On y r'çoit sans redingotes,
Des messieurs à grosses bottes,
        Qui joyeux
Sont là comme chez eux.

En fait de théâtres, v'là
Tous ceux qui viennent de paraître.
Dame! tout ça n'fait que naître.
Attendons! qui vivra verra.
On peut avoir confiance,
Ne savons-nous pas qu'en France,
Quand ils sont intelligents,
Les plus petits deviennent grands?

ENSEMBLE.

En fait de théâtres, v'là, etc.

(Dodolphe sort.)

LA ROUTINE. Eh bien! si ce sont là tous les nouveaux théâtres, merci... Mais l'art dramatique devient l'art drolatique!

LA BICHE. Tiens, écoute. (Ritournelle chinoise.)

LA ROUTINE. Quel est ce bruit argentin?

LA BICHE. Ba-ta-clan, un nouveau café-concert!

LA ROUTINE. Encore!...

LA BICHE. Oh!... Mais un café-concert chinois.

LA ROUTINE. Des chinoiseries..... j'aime assez ça!

LA BICHE. Eh bien, tu vas entendre tout ce qu'il y a de plus chinois à Ba-ta-clan.

### SCÈNE V.

Les Mêmes, LA FEMME A BARBE.

(A ce moment plusieurs Chinois entrent portant une bannière sur laquelle est écrit : Ba-ta-clan. — Une cantatrice paraît. — Elle chante : LA FEMME A BARBE, paroles de M. Élie Brébant, musique de P. Blacquières.)

(Après la sortie de la Femme à barbe.)

LA ROUTINE. C'est distingué... mais pas chinois... Et dire que voilà la littérature de l'époque! mais c'est impossible, que diable! on doit faire de temps en temps quelque bonne comédie?

LA BICHE. Certainement, nous avons même un auteur qui ne fait que ça.

LA ROUTINE. Que de la bonne comédie?

LA BICHE. C'est sa spécialité.

LA ROUTINE. Bigre!

LA BICHE. Veux-tu voir son dernier ouvrage!

LA ROUTINE. Oui, je ne serais pas fâché de...

LA BICHE. A moi la famille Benoiton.

LA ROUTINE. Ah! la famille Benoiton qui *benoitonne*... Justement on m'en a parlé.

### SCÈNE VI.

Les Mêmes, MADAME BENOITON, en grande toilette excentrique.

MADAME BENOITON, à la cantonnade. Si mon mari me demande, vous lui direz que je suis sortie.

LA ROUTINE. Ah! pour une bonne grosse mère, voilà une bonne grosse mère.

MADAME BENOITON. Pourvu que mes filles ne me rencontrent pas!...

LA ROUTINE. Vous avez des filles, madame?

MADAME BENOITON. Oui, monsieur, trois jeunes filles qui ont du zinc!

LA ROUTINE. Plaît-il?

MADAME BENOITON. Du zinc! autrement dit du *chic*. Elles ont fait leur éducation aux Variétés et au Palais-Royal. Elles parlent javanais, et s'habillent comme des cocotes. Il y en a une de mariée, qui chagrine son mari en empruntant de l'argent à un cocodès.

LA ROUTINE. Bigre!

MADAME BENOITON. J'ai encore deux fils, un de quatorze ans qui se nourrit au lycée de racines grecques, et dans le monde, soupe chez Bignon avec des drôlesses qui le font arrêter par les sergents de ville. L'autre, un enfant de six ans, tripote dans les timbres-poste, et cherche à crocheter le coffre-fort de son père... Quand on lui fait la plus petite observation, il vous répond d'un petit air : Et ta sœur !

LA ROUTINE. Pinbiberlobinet !

MADAME BENOITON. Quant à leur père, monsieur Benoiton, mon mari, c'est un ancien pignouf retiré des sommiers élastiques. Sa conscience plus élastique que ses sommiers le rend capable de la plus grande fortune.

LA ROUTINE. Et vous, madame ?

MADAME BENOITON. Moi, monsieur, je suis le rôle le mieux écrit de l'ouvrage, attendu que je ne parais pas du tout dans la pièce. Je suis toujours sortie quand on a besoin de moi.

LA ROUTINE. Quelle drôle de famille !

MADAME BENOITON. C'est une étude de la bourgeoisie. L'auteur a observé que tous les bourgeois s'enrichissent dans les sommiers élastiques ; que tous les lycéens de la classe moyenne vont au cercle et entretiennent des biches, et que toutes les demoiselles du tiers état disent : *As-tu fini ? Tu peux te fouiller ! Où qu'est mon fusil ? Pousse-moi le coude ! Elle est mauvaise ! Empêcheur de danse en rond !* et : *Tu t'en ferais mourir !*

LA ROUTINE. Mais, sapristi ! ça n'est pas vrai.

MADAME BENOITON. Non, monsieur, ça n'est pas vrai, mais ça se voit... au Vaudeville.

LA ROUTINE. La comédie doit être un miroir.

MADAME BENOITON. Puisque le public s'y reconnaît.

LA ROUTINE. Mais, je proteste, moi, je proteste !

MADAME BENOITON. Alors, vous êtes un gêneur. A Chaillot, les gêneurs !

LA ROUTINE. Je me la brise ! (Il sort.)

MADAME BENOITON, sortant. Je me la casse.

LA BICHE, sortant. Et moi, pauvre Biche... je me la carapatte. (Changement.)

---

### DIX-HUITIÈME TABLEAU

UNE RUE DE CHERBOURG. — CABARET A DROITE

---

### SCÈNE PREMIÈRE.

RALINGUE, MOUSSAILLON, JOHN, MATELOTS FRANÇAIS ET ANGLAIS, GALHAUBAN.
(Ils entrent tous en tumulte sur une musique joyeuse.)

RALINGUE, qui tient John. Je vous dis que c'est moi qui régale.

JOHN. Non... ce était moi !

MOUSSAILLON. Allons, pas de manières avec les amis...

RALINGUE. Puisque c'est moi que j'ai offert.

JOHN. Yes ! vos avez offert, et moi je payais.

MOUSSAILLON. Eh bien ! y a une manière d'arranger ça. Payez chacun une tournée.

TOUS, criant. Holà ! la matelottière ! (Une hôtellière sort du cabaret avec ses servantes.)

RALINGUE. Du vin comme s'il en pleuvait... une averse de petit-bleu ! C'est pour régaler les englischs. Ces amours d'englischs ! qui viennent nous rendre visite à Cherbourg.

JOHN, lui serrant les mains. Oh ! tenkiou... tenkiou... je suis... Comment que vous dites, quand vô voyez une grande chose qui surprend vô ?

RALINGUE. Une grande chose ! Ah ! comment que je dis quand je suis épaté ?

JOHN. Yes... épaté .. vô voyez moi épaté de la réception à Cherbourg de vos...

RALINGUE. Et moi, donc ! Quand on pense qu'il n'y a pas plus de huit jours, je détestais encore les Anglais !

JOHN. Et à présent ?

RALINGUE. A présent ! Tiens ! (Il l'embrasse sur les joues.) Voilà comment je vous... t... haïs...

MOUSSAILLON. Preuve qu'il suffit de faire connaissance pour savoir ce qu'on vaut.

RALINGUE. C'est superlativement exact, ce que tu narres là, Moussaillon.

LA SERVANTE, entrant. Voilà du vin.

TOUS. Ah !

RALINGUE. Moussaillon, tu vas trinquer à l'Angleterre !

MOUSSAILLON, trinquant avec John. A l'Angleterre !

TOUS. A l'Angleterre !

RALINGUE. A la bonne heure, et moi, mes amis, je vais lui donner un échantillon de nos chants et danses nationales... Attention, cric!

TOUS. Crac !

RALINGUE. Avant partout !

#### RONDE.

AIR : *nouveau de Victor Chéri.*

Je vais vous le dire,
Dussiez-vous en rire,
Dame! ça dépendra des goûts.

TOUS.

Ra des goûts (ter).

RALINGUE.

Pour soigner en rade
Le mat'lot malade,
L'amour est un médecin doux.

TOUS.

Decin doux (ter).

RALINGUE.

Blessé dans Grenade,
Je connus en rade
Une jeun' fille qu'on nommait Nichon.

TOUS.

Mait Nichon (ter):

RALINGUE.

Et quand son sourire,
Calmait mon délire,
Je lui disais : Encor Nichon.

TOUS.

Cor Nichon (ter).

RALINGUE.

Tig' de bottes!

TOUS.

Tra la la la la laire!

RALINGUE.

Tuyau d'pipe!

TOUS.

Tra la la la la la!

RALINGUE.

Manch' de veste!

TOUS.

Tra la la la la la laire !

RALINGUE.

Pas d'faux-cols!

TOUS.

Tra la la la la la la !

RALINGUE.

Cuiller à pot!

TOUS.

Cric! crac!
Psitt!

(On danse sur le refrain.)

DEUXIÈME COUPLET.

RALINGUE.

Bref, guéri par elle,
J'offris à la belle
D' faire un tour et de l' faire à cheval.

TOUS.

Faire à ch'val! (ter.)

RALINGUE.

Le cheval, sans doute,
Aplanit la route,
Mais, vraiment, ça l'aplanit mal.

TOUS.

Anit mal! (ter.)

RALINGUE.

Le cheval cascade,
Lance une ruade :
Nichon tomb' la tête en bas.

TOUS.

Tête en bas! (ter.)

RALINGUE.

A peine elle échappe
Que je la rattrape !
Mais de cela je parle bas.

TOUS.

Parle bas! (ter.)

RALINGUE.

Tig' de bottes!

TOUS.

Tra la la la la!
Etc., etc.

MOUSSAILLON, à John. Eh ben ! est-ce joli, ça ?

JOHN. Oh! yes, il y avait surtout le tig' de bottes et le cuiller à pot... je trouvai cela... comment dites-vous ?...

MOUSSAILLON. Chic !...

JOHN. Oh! yes... jo trouvai ça... chic! (Grand bruit au dehors.)

GALHAUBAN. Hein ! qu'est-ce donc ?

MOUSSAILLON. Oh! quelle foule là-bas!

RALINGUE. Voyez donc toutes ces têtes, on dirait la marée montante !

GALHAUBAN, regardant sa montre. En effet, l'heure approche, et nous ne ferions pas mal de regagner la frégate.

LA ROUTINE, au dehors. Mais laissez-moi donc passer !

MOUSSAILLON. Ah ! regardez-moi donc c' pauvre cher homme ! Est-il dans un état !

### SCÈNE II.

LES MÊMES, LA ROUTINE, son chapeau est défait, ses habits en désordre.

AIR : *Alcindor. (Adhémar.)*

Mill' noms de noms
En voilà des canons.
Pif! paf! boum! boum! la belle musique!
Ce tableau magique,
Féerique,
Imprévu,
Surpassera tout ce que j'ai vu.

Mais se loger n'est pas commode,
A l'hôtel depuis hier soir,
Je couche sur une commode,
Et ce matin, dans un tiroir
Je trouve une petite fille,
Qui dormait là, comme autre part,
Et plus loin, toute une famille
Ronflait aussi dans un placard.
Mais enfin,
Ce matin,
Cré coquin !
Que de pavillons !
De voiles, de canons !
Pif! paf! boum! boum! la belle musique!
Ce tableau magique,
Féerique,
Imprévu,
Surpassera tout ce que j'ai vu.
On s'embrasse, et déjà commence
Ce que le progrès m'a prédit.
A l'universelle alliance
Ce jour, ce grand jour nous conduit.
D'accord, la France et l'Angleterre
Naviguent dans les mêmes eaux ;
Ah ! puisse un jour toute la terre
Confondre ainsi tous ses drapeaux.

Alors si nous tirons
Des canons,

Amis, tirons-les
En l'honneur de la paix.
Pif! paf! boum, boum! la belle musique
Ce tableau magique, féerique
Imprévu
Surpassera tout ce que j'ai vu.
Vive à jamais
L'universelle paix !

(Ici, ou entend le canon.)

TOUS LES MATELOTS. Le signal !

(Tout le monde sort, Changement.)

---

## DIX-NEUVIÈME TABLEAU

### CHERBOURG

Le théâtre représente une partie de la ville et du port. La flotte anglaise vient saluer la flotte cuirassée française, qui marche au devant d'elle. Cris : Vive la France ! Vive l'Angleterre !

---

## SCÈNE DERNIÈRE.

LA ROUTINE, RALINGUE, GALHAUBAN, MOUSSAILLON , ASPIRANTS , MATELOTS FRANÇAIS ET ANGLAIS, PEUPLE, puis LE PROGRÈS.

LA ROUTINE, au Progrès, qui entre en officier de marine. Le Progrès sous ce costume !

LE PROGRÈS. Oui. Le Progrès, qui tient toujours toutes les ficelles de la grande lanterne magique humaine, le Progrès, qui triomphe déjà de toutes les haines injustes et qui n'arrêtera sa marche victorieuse que lorsqu'un seul drapeau flottera sur le monde entier. Regardez !

---

## VINGTIÈME TABLEAU

### APOTHÉOSE

Elle représente l'alliance universelle.

(Tout le monde crie : Vive la France ! Vive l'Angleterre

FIN DU DERNIER ACTE.

FIN

9 782329 330198